Anselm Grün

Jesus als Therapeut

Anselm Grün

JESUS als Therapeut

Die heilende Kraft der Gleichnisse

VIER TÜRME

Bibliographische Information der Deutschen Nationalbibliothek

Die Deutsche Nationalbibliothek verzeichnet diese Publikation in der Deutschen Nationalbibliographie. Detaillierte bibliographische Daten sind im Internet über http://dnb.d-nb.de abrufbar.

Ohne Folie
Für unsere Umwelt

MIX
Papier | Fördert gute Waldnutzung
FSC® C014889
FSC www.fsc.org

in Deutschland produziert

10. Auflage 2025

Lektorat: Dr. Thomas H. Böhm
Umschlaggestaltung: Elisabeth Petersen, München
Umschlagfoto: archideaphoto / fotolia.com
Druck und Bindung: Pustet, Regensburg
ISBN 978-3-7365-0146-1

www.vier-tuerme-verlag.de

INHALT

Einleitung

Seit rund zwanzig Jahren begleite ich im Münsterschwarzacher Recollectio-Haus Männer und Frauen, die sich in der Kirche engagieren und inzwischen in ihrem Engagement müde geworden sind. Auch bei meinen Kursen habe ich immer wieder persönliche Gespräche mit den Kursteilnehmern, die mir ihre Anliegen anvertrauen. Seitdem ich andere Menschen begleite, versuche ich herauszufinden, wie Jesus die Menschen begleitet hat, wie er sie angesprochen, wie er sie behandelt und mit seinen Worten berührt hat.

Wenn ich in die Bibel schaue, begegnet mir Jesus in den Evangelien als Therapeut, der kranke Menschen heilt. Er begegnet mir als Gesprächspartner und Geschichtenerzähler. Und ich finde viele Worte Jesu, die mich innerlich herausfordern. Ich habe schon lange einmal die Idee gehabt, die Therapiemethoden Jesu zu meditieren und seine therapeutische Weisheit für uns heute fruchtbar zu machen. Dabei geht es mir zum einen darum, wie wir heute in der Begegnung mit Jesus ein anderes Bild von uns selbst bekommen können. Denn von unserem Selbstbild hängt ab, ob unser Leben gelingt. Und es geht mir zum anderen darum, wie wir mit unseren psychischen Problemen heute Jesus so begegnen können, dass wir Heilung erfahren. Wir lesen fasziniert, wie Jesus Kranke geheilt hat. Aber wie können wir mit unseren psychischen Krankheiten in der Begegnung mit Jesus heute heil werden? Dieser Frage möchte ich mich auch stellen. So ist das Buch gedacht für Menschen, die auf dem Weg sind, sich selbst besser kennenzulernen. Es will helfen, Wege zu einem gelingenden Leben zu finden. Und es ist für Menschen, die an sich selbst leiden und Auswege aus ihren Leiden suchen. Aber ich schreibe dieses Buch auch für mich selbst als geistlichen Begleiter und für alle Männer und Frauen, die andere geistlich begleiten. Denn auch wir in der geistlichen Begleitung Tätige können von Jesu Therapiemethoden lernen. Und ich hoffe, dass auch Therapeuten an der therapeutischen Weisheit Jesu interessiert sind und bei ihm Anregungen für die eigene Therapie finden.

Dabei möchte dieses Buch über die Therapiemethoden Jesu keinen therapeutischen Schulen folgen. Jesus hat keine eigene Therapierichtung begründet. Er ist auf jeden einzelnen Menschen so eingegangen, wie es ihm seine Intuition nahegelegt hat. Er hat aus seinem Herzen heraus gehandelt. Wir können Jesus nicht kopieren, uns aber von ihm inspirieren lassen. Denn Jesus hat seine Jünger mit seinem Geist ausgestattet und ihnen den Auftrag gegeben, in der Kraft seines Geistes Kranke zu heilen und seine Botschaft so zu verkünden, dass seine heilende Wirkung auch heute die Menschen erreicht.

Dieses Buch kann keine Therapie ersetzen. So wie die wirklich kranken Menschen zu Jesus gegangen sind und in der Begegnung mit Jesus gesund wurden, so brauchen auch wir in unseren psychischen Krankheiten einen Arzt oder Therapeuten, der uns professionell behandelt. Aber trotzdem kann jeder, der an sich selbst leidet, in der Meditation auch Jesus so begegnen, dass er seine heilende Wirkung bei sich selbst wahrnimmt. In der Meditation der Heilungsgeschichten dürfen wir manchmal erleben, dass die Heilung auch an uns geschieht. Wenn wir die Worte Jesu in uns hineinfallen lassen und sie gleichsam »kauen« – die alten Mönche sprechen von der Meditation als »Wiederkauen« –, dann verändern sie uns. Und wenn wir uns an den Gleichnissen Jesu reiben und sie zu verstehen suchen, wandeln sich sowohl unser Selbstbild als auch unser Gottesbild. Durch die neue Sichtweise, die uns so geschenkt wird, werden wir uns anders erleben: heiler, freier, hoffnungsvoller und gestärkt. Doch die Meditation der Worte und Handlungen Jesu ersetzt keine Therapie, wenn sie vom Krankheitsbild notwendig ist.

Für mich gibt es *drei Weisen*, in denen Jesus geheilt hat:

Die *Gleichniserzählungen* sind eine Art »Gesprächstherapie«. Die Worte Jesu eröffnen uns einen neuen Blickwinkel auf unser Leben, und die Heilungsgeschichten zeigen uns, wie Jesus auf kranke Menschen zugeht. In den Gleichnissen geht es Jesus darum, Menschen von krankmachenden Gottesbildern und zerstörerischen Selbstbildern zu befreien: Er will ihnen so einen Weg aufzeigen, sich selbst und Gott richtig zu sehen. Denn von der Weise des Sehens auf uns und auf Gott hängt das Gelingen unseres Lebens ab. In den Gleichnissen beherrscht Jesus die Kunst, die Sichtweise der Menschen von innen her zu verwandeln, ohne sie zu bevormunden oder zu belehren. Die Gleichnisse spiegeln einen therapeutischen Prozess wieder, auf den sich die Zuhörer einlassen können.

Die Gleichnisse wollen nicht in erster Linic belehren, sondern unsere inneren Bilder heilen. Es liegt mir besonders daran, die heilende Kraft der Gleichnisse für uns heute neu zu entdecken. Denn ich erlebe immer wieder, wie Geschichten und Gleichnisse die Menschen auch in der Begleitung oft weiterbringen. Die Klienten lieben und schätzen solche Geschichten, die ihnen eine neue Sichtweise vermitteln.

Jesu therapeutische Weisheit entdecke ich auch in seinen *Worten*, die uns die Bibel überliefert. Seine Worte sind für mich in erster Linie nicht moralisierende, sondern heilende. Jesus spricht auch außerhalb seiner Gleichnisse und Geschichten so zu den Menschen, dass seine Worte uns die Augen öffnen für die Wahrheit unseres Lebens. Er will uns so auf eine andere Ebene führen: auf eine Ebene, auf der uns krankmachende Worte von Menschen nicht erreichen, sondern auf der wir uns als in Gott hineingenommene Menschen erleben.

Am deutlichsten wird das therapeutische Handeln Jesu in den *Heilungsgeschichten* der Evangelien. Jesus heilt dort aber nicht immer auf die gleiche Weise. Vielmehr begegnen uns verschiedene »Therapiemethoden«, mit denen Jesus die Menschen heilt. Ich habe schon oft Heilungsgeschichten ausgelegt. In diesem Buch möchte ich die verschiedenen Weisen, wie Jesus auf Menschen eingeht, systematischer behandeln.

Die Heilungsgeschichten laden uns ein, uns selbst mit unseren Gefährdungen Jesus hinzuhalten, damit das, was damals geschah, auch an uns heute Wirklichkeit wird. Und die Heilungsgeschichten sind eine Aufforderung, so wie Jesus den Menschen zu begegnen und in der Kraft seines Geistes die Menschen aufzurichten, zu ermutigen und zu heilen.

Doch bevor ich die Heilungsgeschichten als das eigentlich therapeutische Handeln Jesu behandle, möchte ich die Gleichnisse und Worte Jesu meditieren. Jeder von uns – ganz gleich, ob suchender Mensch oder geistlicher oder therapeutischer Begleiter – hat die Aufgabe, sich mit seinem eigenen Selbstbild auseinanderzusetzen.

Unser Selbstbild hängt immer auch mit unserem Gottesbild zusammen. Die Vorstellung von einem bösen Gott beispielsweise macht mich klein und ängstlich. Kranke Gottesbilder führen zu neurotischen Mustern und überfordern uns in unserem Leben.

Die Gleichnisse und Worte Jesu, die ich zuerst vorstellen werde, laden uns ein, unser Gottesbild, damit aber auch unser eigenes Leben zu reflektieren – und so zu einem gesunden Verhältnis zu uns selbst zu kommen. Danach werde ich die Heilungsgeschichten anschauen. Auch sie laden uns ein, nach den eigenen psychischen Gefährdungen zu fragen und sie in der Begegnung mit Jesus zu reflektieren.

Ich wünsche allen Lesern und Leserinnen, dass sie durch das Lesen und Meditieren der biblischen Texte – es lohnt sich, die angegebenen Texte jeweils selbst in der Bibel nachzulesen – sich selbst neu begegnen, dass sie sich selbst besser verstehen und dass sie eine innere Verwandlung und Heilung erfahren. Und den geistlichen Begleitern und Begleiterinnen wünsche ich, dass sie sich durch Jesu Therapiemethoden anregen lassen, den Menschen, die sie begleiten, achtsam zu begegnen. Ich wünsche ihnen auch, dass sie ein Gespür entwickeln für das, was auf der einen Seite die Klienten brauchen und was auf der anderen Seite ihnen als Begleitern guttut und ihnen hilft, zu begleiten, ohne sich selbst zu überfordern.

Die Therapiemethoden Jesu in den Gleichnissen

Die meisten Therapiemethoden gehen über das Gespräch, über den Dialog, in dem jeder zu Wort kommt, in dem einer den anderen gleichsam zu den eigenen Gedanken hinführt, die in ihm auftauchen. Manchmal aber erzählt der Therapeut auch Geschichten, um dem Klienten einen Weg aufzuzeigen, wie Heilung geschehen kann. In der Antike war das Geschichtenerzählen sogar die eigentliche Form der Therapie. Auch in der Märchensammlung »1001 Nacht« muss die Prinzessin solange Märchen erzählen, bis der kranke Prinz geheilt wird.

Jesus hat immer wieder Gleichnisse erzählt. Er war offensichtlich ein meisterhafter Erzähler, dem die Menschen gerne zugehört haben. Die Gleichnisse könnte man als einen Teil seiner Therapie verstehen, denn in ihnen steckt eine heilende Kraft. In den Gleichnissen erzählt Jesus den Menschen Geschichten davon, wie das Leben gelingen kann. In den Gleichnissen möchte Jesus den Menschen eine neue Sichtweise vermitteln: ein neues Gottesbild und ein neues Selbstbild. Die Bilder, die ein Mensch in sich trägt, prägen sein Leben. Sie machen ihn entweder krank oder gesund. So versucht Jesus, in den Gleichnissen kranke Gottesbilder und kranke Selbstbilder durch heilsame Bilder zu ersetzen.

Jesus fasziniert und provoziert in den Gleichnissen. Dort, wo er faszinierend von Hochzeit, von Ernte, von Festen, von finanziellem Gewinn erzählt, horchen die Zuhörer auf. Sie lassen sich fesseln. Aber dann gibt es immer auch einen Punkt in den Gleichnissen, der uns ärgert. Dort möchte uns Jesus bewusst provozieren und uns so etwas Bestimmtes zeigen: Wo du dich über meine Worte ärgerst, dort wirst du mit einem falschen Bild von dir selbst und von Gott konfrontiert, das du in dir trägst.

Manchmal ist es nicht das Gefühl des Ärgers, das Jesus in uns hervorlockt, sondern der Schadenfreude über die Niederlage des scheinbar Mächtigen. Aber Jesus geht es dann nicht um die Schadenfreude. Er will uns vielmehr durch dieses Gefühl hindurch zu wesentlichen Einsichten über uns und über Gott führen. Es braucht offensichtlich eine emotionale Betroffenheit, um sich von krankmachenden Bildern zu verabschieden. Und oft genug ist es auch ein schmerzlicher Prozess, der unsere inneren Bilder wandelt. Es braucht etwa die Aggression, um sich von bestimmten Bildern zu distanzieren: Auf einmal erkenne ich wütend, was diese Bilder mit mir gemacht haben, dass sie mich vom Leben abgehalten oder mich in eine falsche Richtung geführt haben.

Früher meinten die Exegeten, bei den Gleichnissen komme es auf den Vergleichspunkt an, auf das »tertium comparationis«. Und sie meinten, das Gleichnis könne man in einem einzigen Satz zusammenfassen, die bildliche Einkleidung sei mehr pädagogischer Art. Das Eigentliche am Gleichnis sei die Belehrung.

In dieser Sichtweise würde das Gleichnis letztlich nur für die Dummen gut sein, die Intelligenten bräuchten keine Gleichnisse. Ihnen würde die reine Lehre genügen. Damit verkenne ich aber die therapeutische Wirkung des Gleichnisses. Indem Jesus Gleichnisse erzählt, geschieht beim Hörer eine innere Verwandlung. Er öffnet sich den Worten Jesu, weil er fasziniert ist. Und unmerklich führt ihn Jesus durch sein Erzählen auf eine andere Ebene. Auf einmal hat der Hörer ein »Aha-Erlebnis«, ihm geht ein Licht über sich selbst auf. Jetzt kann er sich selbst anders sehen. Diese innere Verwandlung seiner Sichtweise, aber auch seiner Gefühle kann man nicht durch reine Lehrworte erreichen. Dazu braucht es die Kunst des Gleichnisses.

Dem Theologen und Therapeuten Eugen Drewermann kommt das Verdienst zu, auf die therapeutische Kunst und die heilende Kraft der Gleichnisse hingewiesen zu haben. Er beschreibt die verwandelnde Wirkung der Gleichnisse so: »Psychologisch gesehen, muss es einer geglückten Gleichniserzählung gelingen, den Hörer im wörtlichen Sinne derart zu ›verzaubern‹, dass er aus der Welt seiner bisherigen Erfahrung in eine andere Welt versetzt wird, die seiner eigenen zwar vollkommen widerspricht, aber dennoch seinen recht verstandenen Wünschen auf das sehnlichste entspricht.« (Drewermann 731) Eugen Drewermann spricht von »Sublimation« durch die Gleichnisse. Er meint damit, Jesus spreche Menschen an, die die Lebensgier und Leidenschaft in sich kennen. Durch seine Gleichnisse führe er aber die Kraft dieser Leidenschaft auf eine höhere Ebene, so dass diese Kraft in das Leben mit Gott und vor Gott hineinfließt. »Der entscheidende Punkt einer Gleichnisrede besteht ... in der Durchbrechung der diesseitigen Welt, psychologisch betrachtet: in der Umlenkung aller Antriebe, in der Sublimation der Affekte.« (Drewermann 729)

In den Gleichnissen spricht Jesus verschiedene Themenkomplexe an. Es geht jeweils um eine Verwandlung der Sichtweise in den vielfältigen Bereichen menschlichen Lebens. Es geht darum, mit der eigenen Angst anders umzugehen, einen angemessenen Weg zu finden, auf die Erfahrung des Schuldigwerdens zu reagieren. Es geht um die Erfahrung von Enttäuschung, von Ohnmacht, um die Erfahrung der eigenen Schattenseiten.

Die Gleichnisse behandeln wichtige therapeutische Themen. Und durch die Gleichnisse bewirkt Jesus, dass die Menschen auf neue Weise mit den zentralen Themen ihrer Seele umgehen. Angst, Schuld, Leid, Zerrissenheit, Ohnmacht, Ablehnung bewegen jeden Menschen, und es kommt darauf an, diese Themen nicht zu verdrängen, sondern konstruktiv mit ihnen umzugehen.

Aber oft genug haben Menschen im Umgang mit diesen Themen Strategien entwickelt, die ihnen nicht guttun. Wer Leid leugnet, wird dennoch davon heimgesucht. Wer Schuld verdrängt, wird von diffusen Schuldgefühlen geplagt. Oft haben Christen einen masochistischen Umgang mit Leid und Schuld praktiziert. Und als Gegenreaktion darauf haben inzwischen viele Menschen gegen dieses ständige Kreisen um Leid und Schuld rebelliert und beide Themen verdrängt. Doch das ist keine Lösung. Jesus zeigt uns Wege, auf angemessene Weise mit diesen und anderen wichtigen Lebensthemen umzugehen.

So möchte ich einige dieser therapeutischen Themen herausgreifen und die neue, oft faszinierende, aber auch provozierende Sichtweise Jesu herausarbeiten.

Der Umgang mit der Schuld

LUKAS 16,1–8

Ein Thema, um das kein Mensch herumkommt, ist das Thema »Schuld«. Die Kirche hat vor allem in der Vergangenheit leider oft die Menschen zu sehr auf Schuld und Sünde angesprochen und ihnen so ein schlechtes Gewissen eingeimpft. Aber das Gegenteil ist genauso wenig hilfreich: Wenn Schuld nicht mehr zugegeben und bedacht wird, dann äußern sich die Schuldgefühle oft in anderer Weise, etwa in Zorn, Angst, Gereiztheit oder in Wiederholungszwängen.

Bei Zwangserkrankungen geht es letztlich immer um verdrängte Schuld. Der 1996 verstorbene Münchner Psychiater Albert Görres meint, wer das Gespür für Schuld verliert, der verliert etwas Wesentliches seines Menschseins. Er verliert nämlich dann seine eigene Existenztiefe und nimmt seine Freiheit und Verantwortung nicht mehr wahr. Wenn das Bewusstsein für die Schuld verlorengeht, dann äußert sich die Schuld im Menschen nicht mehr »als schlechtes Gewissen, sondern nur noch als diffuse Angst oder Depression, als vegetative Dystonie« (Görres 78). Anstelle der Schuldgefühle plagen den Menschen dann Versagensängste und Depressionen.

Die Frage ist, wie ich angemessen mit der Schuld umgehe – und wie ich dies so tue, dass ich dabei meine Selbstachtung nicht verliere. Jesus geht auf dieses Thema im Gleichnis vom klugen Verwalter ein. Die materiell armen Zuhörer Jesu dürften fasziniert dieser Geschichte gefolgt sein. Sie hatten wohl den Eindruck, dass der Verwalter seinen Herrn raffiniert ausgetrickst hat. Doch Jesus geht es nicht um diese vordergründige Schadenfreude. Er möchte seine Zuhörer auf eine andere Ebene führen. Andere ärgern sich über dieses Gleichnis. Sie sagen: »Das geht doch nicht. Das ist doch unmoralisch, was der Verwalter tut. Er betrügt seinen Herrn.« Und gerade dort, wo uns etwas ärgert, will Jesus uns sagen: Schau einmal genau hin, ob deine Sichtweise wirklich stimmt. Du siehst dich selbst und Gott falsch. Und du musst einen anderen Umgang mit Schuld lernen. Du bist so hart im Urteil über andere, weil du mit deiner eigenen Schuld unangemessenen umgehst.

Ob wir wollen oder nicht, wir geraten in unserem Leben immer wieder in Schuld. Im Gleichnis wird das ausgedrückt durch das Bild des Verschleuderns. Wir werden immer etwas von unserem Vermögen, von unseren Fähigkeiten, von unseren Kräften verschleudern. Die Frage ist aber, wie wir auf den Vorwurf des Verschleuderns, des Schuldigwerdens reagieren. Der Verwalter führt ein Selbstgespräch. »Mein Herr entzieht mir die Verwaltung. Was soll ich jetzt tun? Zu schwerer Arbeit tauge ich nicht, und zu betteln schäme ich mich.« (Lukas 16,3)

Das sind die beiden Wege, wie wir oft auf Schuld reagieren. Wir wollen – so der eine Weg – hart arbeiten. Wir nehmen uns vor, von jetzt an keinen Fehler mehr zu machen. Wir beißen die Zähne zusammen und strengen uns an. Doch das führt nur zu Verhärtung und Verkrampfung. Wir werden hart gegen uns selbst, aber wir urteilen auch hart gegenüber anderen. Wir kreisen dann ständig um die Schuld der anderen und regen uns über sie auf. Der andere Weg besteht darin, dass wir um Annahme betteln. Wir laufen unser Leben lang mit einem Bußgewand herum und entschuldigen uns, dass wir überhaupt da sind. Wir machen uns durch die Selbstbeschuldigung klein und betteln um Anerkennung und Zuwendung. Dabei verlieren wir alle Selbstachtung.

Der Verwalter sieht einen dritten Weg: »Doch – ich weiß, was ich tun muss, damit mich die Leute in ihre Häuser aufnehmen, wenn ich als Verwalter abgesetzt bin.« (Lukas 16,4) Er geht kreativ mit seiner Schuld um. Er lässt die Schuldner kommen und erlässt ihnen einen Teil der Schuld auf Kosten des reichen Mannes. Das ist die einzige Möglichkeit, die ihm noch bleibt. Letztlich weiß er, dass er die ganze Schuld nicht abzahlen kann: weder durch harte Arbeit noch durch Betteln. Er kann sie nur zum Anlass nehmen, menschlich mit den anderen umzugehen. Er sagt sich: Ich bin schuldig, ihr seid schuldig, teilen wir uns die Schuld. Nehmen wir einander in unsere Häuser auf.

Jesus lädt uns ein, vom Thron unserer Selbstgerechtigkeit herabzusteigen und Mensch unter Menschen zu werden. Jesus grenzt sich dabei von der jüdischen Glaubensgruppe der Essener ab, die mit »Kinder des Lichtes« gemeint sind. (Lukas 16,8) Die Essener waren sehr fromm. Aber wenn jemand unter ihnen die Normen übertrat, wurde er unbarmherzig ausgestoßen und ausgeschlossen. Jesus sagt: Ihr Christen sollt nicht ausschließen, sondern aufnehmen. Ihr sollt im Bewusstsein, dass Gott euch vergeben hat, menschlich mit eurer Schuld umgehen. Ihr sollt Menschen unter Menschen werden, ihr sollt euch nicht über andere stellen, aber auch nicht unter sie.

Wir brauchen die Schuld nicht abzuzahlen: weder durch harte Arbeit noch durch Betteln. Weil Gott uns die Schuld in seiner Barmherzigkeit vergibt, können wir sie dazu benutzen, barmherzig mit uns und mit den anderen Menschen umzugehen.

In der geistlichen Begleitung habe ich erfahren, dass das Gleichnis vom klugen Verwalter Menschen geholfen hat, sich nicht ständig selbst zu beschuldigen und zu erniedrigen, sondern ihre eigene Würde wiederzufinden. Sie konnten sich auch von einem rigorosen Moralismus verabschieden, mit dem sie sich überfordert hatten. Sie erfuhren die Sichtweise Jesu als befreiend und heilend.

So ein Gleichnis kann mehr bewirken als eine Belehrung über die Vergebung. Das Gleichnis bringt in uns etwas in Bewegung. Wir erkennen uns in unseren Reaktionsweisen auf die Schuld wieder und erfahren durch die provozierenden Worte Jesu eine neue Freiheit und Weite im Umgang mit der Schuld. Wir können darüber sprechen, ohne uns selbst zu zerfleischen.

Der Schweizer Psychologe Carl Gustav Jung meinte einmal, manche Menschen würden ihre Schuld zum Anlass nehmen, um sich selbst zu zerfleischen. Anstatt sich ihrer Wahrheit und ihren Schattenseiten zu stellen, genießen sie ihre Zerknirschung und Reue »wie ein warmes Daunenbett an einem kalten Wintermorgen, wenn man aufstehen sollte« (Jung, Werke 8, 680). Das Gleichnis gibt Mut, aufrecht durch das Leben zu gehen, aufrecht und aufrichtig andere in sein Haus einzuladen, aber auch ohne Selbsterniedrigung in das Haus anderer einzutreten.

Der Umgang mit dem inneren Richter

LUKAS 18,1–8

Die Psychologie spricht vom Über-Ich, das oft sehr rigide ist und uns ständig verurteilt. Im Über-Ich haben sich die Meinungen und Normen der Eltern gespeichert. Das sind oft hilfreiche Normen. Aber manchmal fällt das Über-Ich harte Urteile oder sogar Verurteilungen über uns. Im Innern haben wir mit ihm eine Instanz, die uns ständig verurteilt und ablehnt.

Wie wir mit diesem Über-Ich umgehen können, zeigt uns Jesus im Gleichnis von der Witwe und dem gottlosen Richter. Die Witwe ist von einem Feind bedrängt. Das können innere oder äußere Feinde sein. Als Frau, die keinen Mann mehr hat, der sie schützt, kann sie sich zu wenig gegenüber manchen Menschen abgrenzen und ist daher sehr verletzlich. Oder aber es sind Lebensmuster, die sie nicht so leben lassen, wie sie gerne möchte. Die Witwe wendet sich an den Richter. Doch der hat keine Lust zu helfen. Denn er hat kein Interesse am Wohl der Menschen – und Gott interessiert ihn auch nicht. So hat die Witwe keine Chance auf Hilfe. Doch die Witwe ist hartnäckig. Sie lässt nicht los. Sie kämpft für sich und ihr Recht auf Leben. Sie kommt täglich zum Richter. Nun führt der Richter ein Selbstgespräch: »Ich fürchte zwar Gott nicht und nehme auch auf keinen Menschen Rücksicht; trotzdem will ich dieser Witwe zu ihrem Recht verhelfen, denn sie lässt mich nicht in Ruhe. Sonst kommt sie am Ende noch und schlägt mich ins Gesicht.« (Lukas 18,4–5) Im Griechischen heißt es hier wörtlich: Sonst schlägt sie mir noch das Auge blau. Und vor dem blauen Auge hat der Richter doch Respekt. Er möchte nicht mit einem blauen Auge in der Stadt herumlaufen.

Jesus erzählt das Gleichnis so spannend, dass Menschen, die die Hoffnung auf Hilfe und Heilung aufgegeben haben, neuen

Mut schöpfen. Indem er in den Zuhörern die Schadenfreude über das Zurückstecken des mächtigen Richters auslöst, lädt er sie ein, selbst anders mit ihrer scheinbar hoffnungslosen Situation umzugehen.

Jesus zeigt uns das Gebet als den Weg, wie wir unseren inneren Richter überwinden können. Gott wird nicht auf unser Gebet hin von außen eingreifen und die Feinde vernichten. Nicht nach dem Gebet, sondern schon im Gebet erfahren wir unser Recht auf Leben. Im Gebet kommen wir in den inneren Raum der Stille. Dort hat der innere Richter keinen Zutritt. Dort ist er entmachtet. Das Gebet nimmt dem Über-Ich seine Macht. Im Gebet erleben wir Gottes heilende Nähe und entdecken in uns den Raum der Stille, in dem das Reich Gottes in uns ist.

Kurz vor der Erzählung dieses Gleichnisses hatte Jesus gesagt: »Das Reich Gottes ist in euch.« (Lukas 17,21) Dort, wo das Reich Gottes in uns ist, hat der innere Richter keine Chance. Dort sind wir frei von der Macht anderer Menschen: von ihren Erwartungen und Ansprüchen, von ihren Urteilen und Anschuldigungen. Dort sind wir heil und ganz. Niemand kann uns dort verletzen. Dort hat der innere oder äußere Feind keinen Zutritt.

Man kann die Witwe auch – so wie es in der Symbolik der Mythologie geschieht – als Bild für die Seele verstehen. Seele ist hier nicht im philosophischen Sinn zu verstehen, sondern als Bild für den inneren Bereich des Menschen: für die Ahnungen des Menschen, dass er einen göttlichen Glanz hat, dass er einmalig und Gottes Kind ist. Seele steht für die Träume, die der Mensch von sich hat und die ihm bedeuten, dass sein Leben wertvoll ist und dass sich in ihm etwas von Gott ausdrückt. Der Richter steht dann für das Über-Ich in uns, für den inneren Richter, der uns ständig entwertet und der uns für krank hält, weil wir solch hohe Ideale oder große Ideen von uns haben.

Auch bei dieser Deutung ist das Gebet der Ort, an dem die Seele Recht bekommt und der innere Richter entmachtet wird. Im Gebet spüren wir unsere Würde als Menschen, die von Gott geschaffen wurden und denen Gott etwas zutraut. Im Gebet kommen wir in Berührung mit dem einmaligen und einzigartigen Bild, das Gott sich von uns gemacht hat. Und alle Selbstentwertungen und Selbstverurteilungen lösen sich im Gebet auf. Wenn wir auf dem Hintergrund dieses Gleichnisses beten, bekommt unser Gebet eine andere Kraft. Wenn uns Jesus nur zum Gebet ermahnen würde, hätte es nicht dieselbe Wirkung. Das Gleichnis bewirkt in uns Verwandlung. Unsere bisherige Erfahrung wird durch eine Geschichte in Frage gestellt. So werden neue Erfahrungen möglich. Jesus schildert uns diese chancenlose Witwe als eine Frau, die sich selbst nicht aufgibt. Beten heißt also: sich selbst nicht aufgeben.

Manche meinen, sie hätten so oft zu Gott gebetet, aber es hätte doch nicht geholfen. Gott hat an ihnen nicht gehandelt. Doch sie stellen sich das Handeln Gottes oft zu äußerlich vor – als ob Gott von außen her alles in Ordnung bringen und Probleme lösen würde. Das Gebet führt in den inneren Raum, in dem ich Recht auf Leben und Hilfe und Heilung erfahre. Der äußere Kampf geht weiter. Aber innerlich gibt es eine kampffreie Zone. Dort kann ich zur Ruhe kommen und mein Recht auf Leben genießen.

Der Umgang mit Angst

MATTHÄUS 25,14–30 UND LUKAS 19,11–27

Ein anderes therapeutisches Thema sind die Angst und die Tendenz, die Angst in den Griff bekommen zu wollen, indem ich alles kontrollieren will. Dieses Thema wird in dem Gleichnis von den Talenten beschrieben. Auch hier fasziniert und provoziert Jesus. Die ersten beiden Knechte wirtschaften mit ihren Talenten und erhalten einen großen Lohn. Doch bei der Schilderung des dritten Knechtes regt sich bei den Zuhörern Mitleid und Ärger über die strenge Behandlung dieses Knechtes. Ihnen will Jesus sagen: Sieh dir diesen dritten Knecht genau an. Vielleicht erkennst du dich darin selbst wieder.

Dieser Knecht offenbart in seiner Selbstrechtfertigung, worin sein Problem liegt. Er hat sich selbst mit den anderen verglichen und fühlte sich benachteiligt. So wollte er das wenige, das er bekommen hat, wenigstens vor Verlust schützen. Zum Herrn sagt er: »Herr, ich wusste, dass du ein strenger Mann bist; du erntest, wo du nicht gesät hast, und sammelst, wo du nicht ausgestreut hast; weil ich Angst hatte, habe ich dein Geld in der Erde versteckt. Hier hast du es wieder.« (Matthäus 25,24) Das Problem des Knechtes ist seine Angst vor dem Herrn. Er hat in sich das Bild eines strengen Herrn, der bestraft. So vergräbt er sein Talent, um ja keinen Fehler zu machen. Er möchte alles unter Kontrolle haben, nichts hergeben und nichts beim Wirtschaften riskieren. Aber auf diese Weise kann er nicht gewinnen. Wer mit den Talenten wirtschaftet, gibt ja etwas her, um mehr zu bekommen. Doch der Knecht behält alles, damit ihm nichts abhandenkommt. Aber gerade so verliert er alles.

Der Herr behandelt diesen Knecht sehr streng. Er tut genau das, was der Knecht sich selbst ausgemalt hat. Der Herr erfüllt das Bild, das sich der Knecht von ihm gemacht hat. Er antwortet: »Du bist ein schlechter und fauler Diener. Du hast doch gewusst, dass ich ernte, wo ich nicht gesät habe, und sammle, wo ich nicht ausgestreut habe. Hättest du mein Geld wenigstens auf die Bank gebracht, dann hätte ich es bei meiner Rückkehr mit Zinsen zurückerhalten. Darum nehmt ihm das Talent weg und gebt es dem, der die zehn Talente hat!« (Matthäus 25,26–28)

Eugen Drewermann nennt diese therapeutische Methode Jesu: die Angst mit der Angst austreiben. Dabei geht es darum, die Angst so auszumalen, bis sie in Vertrauen umschlägt. Jesus will dem Knecht sagen: Wenn du ein solches angstbesetztes Gottesbild hast, dann wird dein Leben jetzt schon Heulen und Zähneknirschen. Wenn du alles kontrollieren willst, dann gerät dein Leben jetzt schon außer Kontrolle. Wenn du ja keinen Fehler machen willst, machst du alles verkehrt.

Manche Zuhörer reagieren auf die Auslegung dieses Gleichnisses mit den Worten: »Hätte Jesus das nicht auch einfacher sagen können?« Wenn Jesus eine einfache Lehre erteilen oder uns zum Vertrauen auffordern würde, könnten wir uns bequem im Sessel zurücklehnen und sagen: Das klingt gut. Aber es würde nichts in uns verwandeln.

Das Gleichnis dagegen lässt uns nicht kalt. Es provoziert uns, darüber nachzudenken, was uns ärgert. Und Jesus benutzt so eine Therapiemethode, die wir heute das »Verstärken« nennen. Ein befreundeter Therapeut erzählte mir: Früher hat er den Klienten, die sich selbst beschuldigt haben, immer die positiven Seiten ihres Lebens entgegengehalten. Doch oft war die Reaktion: »Ja, aber das ist auch schlecht bei mir: ...«, und so weiter. Er konnte mit Engelszungen das Positive zu schildern – es kam nicht an. Die »Aber-Geister« in den Klienten waren stärker und ließen ihn manchmal verzweifeln. Dann lernte er in einer

Fortbildung die Methode des Verstärkens kennen und reagierte anders: »Es ist wirklich schlimm, was Sie von sich erzählen, dass Sie eine Rabenmutter sind, dass Sie Ihre Kinder so behandeln.« Auf dieses Verstärken reagierte die Klientin erbost: »Was fällt Ihnen ein, so mit mir zu reden ...«

Indem der Therapeut das Negative verstärkt, wenden sich die Klienten vom Negativen ab und fangen an, sich selbst in einem positiveren Licht zu sehen. So kann man sich die Methode Jesu bei diesem Gleichnis auch vorstellen. Er will das Lebensmuster eines ängstlichen Kontrollierens und Alles-im-Griff-Habens ad absurdum führen und einladen, den Weg des Vertrauens zu gehen.

Bei Matthäus bekommt der erste Knecht fünf Talente, der zweite zwei und der dritte eins. Der erste und der zweite Knecht verdoppeln ihre Talente. Bei Lukas ist der Akzent etwas anders. Da bekommt jeder Knecht eine Mine. Der erste Knecht verzehnfacht seinen Einsatz, der zweite verfünffacht ihn. Nur der dritte Knecht vergräbt seine Mine.

Wenn jeder verschiedene Talente bekommt, dann können wir von außen her nicht beurteilen, was er aus seinem Leben gemacht hat. Denn wir wissen nicht, was seine Begabung oder seine Begrenzung war. Wenn jedoch jeder das Gleiche bekommt, dann zeigt das Leben, was er daraus macht.

Bei Matthäus könnte man sagen: Erforsche, welche Talente du bekommen hast, und setze sie ein. Du hast eine Verantwortung für das, was Gott dir geschenkt hat. Bei Lukas steht die eine Mine für das eine eigene Leben. Du hast nur dieses eine Leben. Lebe dein Leben. Sonst wirst du irgendwann enttäuscht vor deinem ungelebten Leben stehen. Dann hast du das Gefühl, dass du gar nichts in Händen hast.

Der Umgang mit Neid

MATTHÄUS 20,1–16

In der Therapie und geistlichen Begleitung taucht immer wieder das Thema auf, dass die Menschen sich mit anderen vergleichen. Sie sind auch neidisch, weil die anderen etwas haben, was sie nicht haben. Sie fühlen sich ungerecht von Gott oder vom Schicksal behandelt.

Je mehr wir uns mit anderen vergleichen, desto unzufriedener werden wir. Wir nehmen uns selbst nicht an, sondern meinen, nur wenn wir so gut aussehen wie der oder jene würden, wenn wir so intelligent wie die oder jener wären, wenn wir so viel Geld wie die anderen hätten ..., dann würde unser Leben gelingen. Aber so kann es gar nicht gelingen. Wir fühlen uns benachteiligt und behindern uns so selbst am Leben.

Auf dieses Lebenshindernis antwortet Jesus mit dem Gleichnis von den Arbeitern im Weinberg. Auch dieses Gleichnis ruft bei vielen Zuhörern Widerspruch hervor. Der Herr darf doch nicht so ungerecht sein. Die ersten Arbeiter haben wirklich elf Stunden gearbeitet und die Hitze des Tages ausgehalten. Wie kann der Herr den Arbeitern, die nur eine Stunde gearbeitet haben, den gleichen Lohn geben?

Doch indem wir uns über das Verhalten des Herrn aufregen, entdecken wir unsere eigene Haltung zum Leben. Wir meinen, wir würden uns anstrengen. Uns, die wir die Gebote Gottes halten, müsste es doch besser gehen als den anderen, die den ganzen Tag müßig herumstehen und nichts für ihr Leben tun. Indem wir so denken, bekennen wir aber, dass wir eigentlich auch nicht arbeiten möchten, sondern lieber müßig herumstehen. Wir beneiden die, die sich nicht um die Gebote Gottes kümmern, die einfach tun und lassen können, was sie wollen. Doch wir wissen gar nicht, wie es denen geht, die müßig herumstehen: wie langweilig ihr Leben ist, wie sie sich als unnütz und ungebraucht erleben.

Die Arbeiter der ersten Stunde haben das Gefühl, ihr Leben hat einen Sinn. Sie arbeiten und bekommen am Abend einen angemessenen Lohn: den vereinbarten Tageslohn von einem Denar, der damals durchaus eine gerechte Entlohnung darstellte. Doch sobald sie sich mit anderen vergleichen, die weniger arbeiten, werden sie unzufrieden und denken: Es wäre doch leichter gewesen, später mit dem Arbeiten anzufangen. Als die Arbeiter der ersten Stunde auch nur einen Denar bekommen, murren sie und schildern in Worten ihr eigentliches Problem: »Diese letzten haben nur eine Stunde gearbeitet, und du hast sie uns gleichgestellt; wir aber haben den ganzen Tag über die Last der Arbeit und die Hitze ertragen.« (Matthäus 20,12) Sie bekennen damit, dass sie die Arbeit als Last erfahren haben und dass sie unter der Hitze leiden.

Wenn man die Haltung der ersten Arbeiter auf das eigene Leben bezieht, so heißt es: Ich erfahre mein Leben als Last und Hitze. Ich gerate immer wieder in Konflikte. Und ich muss mich anstrengen, um einigermaßen als guter Christ zu leben. Denn eigentlich möchte ich ganz anders sein, einfach nur dahinleben. Doch Jesus möchte mich zu einer anderen Sichtweise einladen. Ich könnte mein Leben ja auch anders sehen und dankbar sein, dass mein Leben einen Sinn hat. Die Konflikte lassen mich reifen. Ich habe Lust, innerlich an mir zu arbeiten und so auf dem Weg der Reifung und auf dem spirituellen Weg weiterzukommen.

Der Herr antwortet auf das Murren eines Arbeiters, der elf Stunden gearbeitet hat: »Mein Freund, dir geschieht kein Unrecht. Hast du nicht einen Denar mit mir vereinbart? Nimm dein Geld und geh! Ich will dem letzten ebensoviel geben wie dir. Darf ich mit dem, was mir gehört, nicht tun, was ich will? Oder bist du neidisch, weil ich gütig bin?« (Matthäus 25,13–15)

Die Kirchenväter sehen den einen Denar als Bild für das Einswerden und Ganzwerden des Menschen. Mehr als ein ganzer Mensch zu werden, der im Einklang ist mit sich selbst, gibt es nicht als Lohn. Das genügt. Es ist gut, dieses Ziel möglichst früh, möglichst in der ersten Stunde des Lebens anzuzielen.

Aber ich soll nicht auf die Menschen schielen, die später anfangen oder die anscheinend nur müßig herumstehen und gar nichts aus ihrem Leben machen. Sie leiden selbst darunter. Es hält mich ja lebendig, an mir zu arbeiten. Doch auch für die anderen besteht die Chance, dass sie zu sich selbst finden, dass sie ganz werden und in Einklang mit sich selbst kommen – wenn vielleicht auch sehr spät.

Anstatt mich mit ihnen zu vergleichen und neidisch auf sie zu schauen, könnte ich dankbar mein Leben leben und auch den anderen gönnen, dass sie irgendwann den Weg zum Leben finden. Das Gleichnis zwingt uns, die Motivation unseres Arbeitens – unseres Einsatzes für andere, aber auch unserer therapeutischen oder spirituellen Arbeit an uns selbst – zu bedenken. Wer nicht an sich arbeitet, steht nicht besser da. Er leidet an sich selbst. Wenn mir die Arbeit Spaß macht, dann vergleiche ich mich nicht mit anderen. Wenn ich mich aber ärgere über die Menschen, die nichts aus ihrem Leben machen, bekenne ich damit, dass ich am liebsten auch nichts machen würde. Das Gleichnis bewirkt etwas in mir. Es lädt mich ein, dankbar meinen Weg zu gehen und auch den anderen das Gelingen ihres Lebens zu gönnen, ganz gleich, auf welchem Weg sie gehen.

Der Umgang mit inneren Feinden

LUKAS 14,31–32

In der geistlichen Begleitung wie in der Therapie geht es immer wieder um die Frage, wie ich mit meinen Fehlern und Schwächen und mit meinen Lebensmustern umgehe, wie ich auf Eifersucht, Ärger, Angst, Depression reagiere und wie ich gegenüber meinen Süchten stehe. Viele versuchen, ihre Eifersucht oder Angst mit Gewalt zu bekämpfen. Doch je mehr ich etwas in mir bekämpfe, desto stärker wird die Gegenkraft, die das Bekämpfte in mir entfaltet. Und so bin ich die ganze Zeit darauf fixiert, gegen meine Fehler und Schwächen zu kämpfen, ohne dass sich etwas ändert.

In diese Situation hinein erzählt uns Jesus das Gleichnis von dem König, der mit zehntausend Soldaten gegen einen anderen König in den Krieg zieht, der ihm mit zwanzigtausend Soldaten entgegenkommt. Der König hat keine Chance, den Kampf zu gewinnen. Er wird seine ganze Kraft im Kampf aufreiben.

So tun es auch manche Menschen, die ihre ganze Kraft vergeuden, indem sie gegen sich selbst und gegen vermeintliche Fehler und Schwächen kämpfen. Die Kraft, die sie vergeuden, fehlt ihnen bei der Bewältigung ihres Lebens. Jesus rät uns, mit den Feinden Frieden zu schließen und so aus den Feinden Freunde zu machen. Im Bild gesprochen habe ich dann statt zehntausend dreißigtausend Soldaten. Und das Land, in dem ich mich bewegen kann, wird weiter. Ich bekomme also mehr Fähigkeiten und Kräfte und eine größere innere Weite.

Als ich vor rund sechsundvierzig Jahren ins Kloster eintrat, dachte ich auch, ich könnte mit meinen zehntausend Soldaten – mit meiner Disziplin, mit meiner Willenskraft – alle meine Fehler besiegen. Doch dann bin ich sehr unsanft auf die Nase gefallen und spürte, dass ich mich mit meinen Fehlern und Schwächen versöhnen muss. Nur wenn meine Feinde zu meinen Freunden werden, geschieht Verwandlung in mir.

Ich möchte das, was Jesus im Gleichnis sagt, an einem Beispiel erklären. Eine Frau ärgerte sich immer wieder, dass sie manchmal richtige Essattacken bekam. Sie genierte sich und bestrafte sich dann mit Fasten. Dann ging es einige Tage gut, bevor wieder Essattacken kamen. Sie verbrauchte viel Energie mit dem ständigen Fixiertsein auf Essen und Fasten.

Aus der Esssucht eine Freundin zu machen könnte so aussehen: Ich bekämpfe und bestrafe mich nicht, sondern frage die Sucht, was sie mir sagen möchte. Wonach sehne ich mich, wenn ich so viel esse? Ist es die Liebe, nach der ich mich sehne? Oder möchte ich den Ärger und die Enttäuschung durch Essen zustopfen? Oder habe ich das Gefühl, ich müsste mir nach dem harten Arbeiten ab und zu etwas gönnen?

All diese Sehnsüchte bewerte ich nicht. Sie haben einen Sinn. Die Frage ist, wie ich anders mit ihnen umgehen kann, wie ich sie mir auf eine Weise erfüllen kann, die für mich besser ist und die kein schlechtes Gewissen und kein Schamgefühl in mir zurücklässt. Wenn ich das Essproblem als Freundin sehe, die mich immer wieder an meine eigentliche Sehnsucht erinnert, dann brauche ich irgendwann die Sucht nicht mehr. Dann hat sie mich nicht mehr im Griff.

Ein anderes Beispiel: Eine Frau ärgert sich darüber, dass sie so eifersüchtig auf die Sekretärin ist, die im Büro ihres Mannes arbeitet. Sie malt sich immer wieder aus, wie freundlich ihr Mann mit der Sekretärin umgeht, und fragt sich, ob er nicht vielleicht eine sexuelle Beziehung zu ihr habe. Der Mann versichert ihr immer wieder glaubwürdig, dass an ihrer Befürchtung nichts dran ist. Sie ist seine Angestellte, aber nichts weiter. Die Frau glaubt auch ihrem Mann. Trotzdem kommt sie von ihrer Eifersucht nicht los. Sobald der Mann in der Arbeit ist, gehen ihre Phantasien wieder los. Und sie weiß, dass sie ihren Mann nervt, wenn sie immer wieder von ihrer Eifersucht anfängt. Sie schadet damit sich selbst und ihrer Beziehung zum Mann. Und trotzdem kommt sie nicht los davon. Die Eifersucht zu unterdrücken geht offensichtlich nicht. Dann taucht sie doch immer wieder auf.

Auch hier wäre es angemessen, mit der Eifersucht zu sprechen: Welche Sehnsucht steckt in meiner Eifersucht? Ich möchte, dass mein Mann mich allein liebt und sich mir allein zuwendet. Ich möchte meinen Mann ganz allein für mich haben. Indem ich mir diese Sehnsucht eingestehe, kann ich sie relativieren. Denn ich spüre, dass das unrealistisch ist. Ich kann ja meinen Mann nicht einsperren. Er wird in der Arbeit immer auch Frauen begegnen. Ich kann nur vertrauen, dass er mich auf einzigartige Weise liebt.

Ich könnte die Eifersucht auch danach befragen, auf welche alte Wunde und Angst sie mich hinweist? Vielleicht bin ich einmal von einem Mann enttäuscht worden? Vielleicht habe ich als Kind nicht genügend Vertrauen und Zuwendung erfahren? Dann kann ich mich mit meiner Wunde aussöhnen. Ich werde mir so keine Vorwürfe machen, wenn die Eifersucht in mir aufsteigt. Ich werde sie vielmehr als Einladung sehen, dankbar für meine Liebe zu meinem Mann zu sein und zugleich meine alten Wunden Gott hinzuhalten, damit sie von seiner Liebe durchdrungen werden und so langsam heilen.

Der Umgang mit meinen Schattenseiten

MATTHÄUS 13,24–30

Der schon erwähnte Psychologe C. G. Jung sieht den Menschen von gegensätzlichen Polen geprägt. Der Mensch hat in sich Liebe und Aggression, Verstand und Gefühl, Freundlichkeit und Härte, anima und animus, weibliche und männliche Seelenanteile. Oft leben wir nur einen Pol und verdrängen den anderen. Aber solange der andere Pol in den Schatten verdrängt bleibt, wirkt er sich destruktiv aus. Das verdrängte Gefühl beispielsweise zeigt sich dann als Sentimentalität, die uns überschwemmt. Und die verdrängte Aggression drückt sich oft in Krankheiten aus.

Die Kunst der Menschwerdung besteht darin, sich mit dem eigenen Schatten auszusöhnen. Für viele ist es erst einmal ein Schock, wenn sie etwa bei allem guten Bemühen um Liebe und Freundlichkeit in sich harte, unfreundliche und verletzende Seiten entdecken.

Solch einen Schock erleben im Gleichnis auch die Knechte des Gutsherrn, der guten Samen auf den Acker gesät hatte. »Als die Saat aufging und sich die Ähren bildeten, kam auch das Unkraut zum Vorschein. Da gingen die Knechte zu dem Gutsherrn und sagten: Herr, hast du nicht guten Samen auf deinen Acker gesät? Woher kommt dann das Unkraut? Er antwortete: Das hat ein Feind von mir getan.« (Matthäus 13,26–28)

Wir denken, dass wir auf den Acker unserer Seele guten Samen gesät haben. Aber dann entdecken wir mitten im Weizen auch Unkraut. Wir möchten es wie die Knechte am liebsten ausreißen. Doch der Herr sagt ihnen: »Nein, sonst reißt ihr zusammen mit dem Unkraut auch den Weizen aus. Lasst beides wachsen bis zur Ernte. Wenn dann die Zeit der Ernte da ist, werde ich den Arbeitern sagen: Sammelt zuerst das Unkraut und bindet es in Bündel, um es zu verbrennen; den Weizen aber bringt in meine Scheune.« (Matthäus 13,29–30)

Wir wollen nur gut sein. Doch dann entdecken wir in uns auch den Hang zum Bösen. Wir wollen nur liebevoll sein, dann entdecken wir in uns auch Hass und Rachegefühle. Wir erschrecken vor diesem Unkraut und möchten es am liebsten herausreißen. Doch wenn wir dies tun, reißen wir auch den Weizen mit aus. Das Unkraut, das Jesus hier meint, ist der Lolch, der ähnlich wie der Weizen aussieht und dessen Wurzeln mit den Wurzeln des Weizens verflochten sind. Wer vor lauter Perfektionismus alles Unkraut aus seiner Seele herausreißen möchte, der könnte letztlich auch keinen Weizen ernten. Sein Leben wäre unfruchtbar. Die Fruchtbarkeit unseres Lebens ist nie Ausdruck von absoluter Fehlerlosigkeit, sondern ergibt sich aus dem Vertrauen, dass der Weizen stärker ist als das Unkraut und dass das Unkraut bei der Ernte aussortiert werden kann.

Die geistliche Begleitung möchte den Klienten nicht zu einem perfekten und fehlerlosen Menschen erziehen. Sie möchte ihm vielmehr Mut machen, beides in sich zuzulassen: den Weizen und das Unkraut. Das bedeutet nicht, dass der Einzelne das Unkraut wuchern lassen soll. Er muss es durchaus zurückschneiden. Aber er muss sich vor der Illusion hüten, dass er es allein herausreißen könnte. Das gelingt erst bei der Ernte – letztlich erst im Tod, da dann Gott selbst in uns das Unkraut vom Weizen trennt.

Manche meinen, ihre Motive des Helfens müssten ganz und gar rein und selbstlos sein. Ihr Aufopfern für die Familie müsste ohne Nebenabsichten geschehen. Das sind unsere Ideale. Aber die Wirklichkeit ist anders. In Wirklichkeit sind unsere Motive immer vermischt und »unrein«. Wenn einer predigt und meint, er würde nur das Wort Gottes verkündigen, merkt er oft gar nicht, wie viel Ehrgeiz und Geltungssucht sich in seine Worte eingeschlichen haben.

Die frühen Mönche gehen da barmherziger und zugleich demütiger mit sich um. Eine Mönchsgeschichte hat das Gleichnis Jesu vom Unkraut im Weizen in das konkrete Leben eines Mönchs hineinübersetzt. Ein Mönch kam zum Altvater Poimen und meinte, immer wenn er etwas Gutes tue, würden es die Dämonen entwerten und ihm sagen: »Das tust du ja nur, um den Menschen zu gefallen.« Poimen erzählt dem Mönch folgende Geschichte: »Zwei Männer, die Bauern waren, wohnten in der gleichen Stadt. Der eine davon säte nur wenig Saatgut, und zwar ungereinigtes, der andere sparte sich das Säen und erntete überhaupt nichts. Wenn nun eine Hungersnot auftritt, wer von den beiden wird zu leben haben?« Der Bruder antwortete: »Der, der wenig und Ungereinigtes gesät hat.« Da sagte der Greis zu ihm: »Lasst uns wenigstens ein wenig und wenn auch Ungereinigtes säen, damit wir nicht Hungers sterben.« (Apophthegmata 625)

Wir sollen bei allem, was wir tun, durchlässig für den Geist Gottes sein. Aber wir sollen immer auch in Demut damit rechnen, dass sich selbst in das reine spirituelle Tun Nebenabsichten hineinmischen. Das ist das Unkraut. Solange wir leben, wächst das Unkraut auf dem Acker unserer Seele. Das macht uns demütig und bewahrt uns vor falscher Härte uns selbst und den anderen gegenüber.

Der Umgang mit meinen Illusionen

LUKAS 14,28–30

Ein Thema der Begleitung ist immer der Umgang mit unseren eigenen illusionären Vorstellungen. Wir vergleichen uns oft mit anderen Menschen und möchten so werden wie sie. Oder aber wir haben von uns ein Idealbild entworfen, das wir unbedingt erreichen möchten. Doch oft genug sind wir dann enttäuscht, weil wir nicht so werden können, wie wir gerne möchten. Unser Selbstbild ist entweder zu groß oder zu klein. Die Griechen kennen dazu die Sage von Prokrustes, dem Wegelagerer, der die Vorübergehenden in sein Bett zwängte. Die kurz geratenen Menschen streckte er in die Länge, bei den zu großen schlug er die Glieder ab. Beide gingen daran zugrunde. Wir stecken uns oft genug selbst in ein solches »Prokrustesbett«, das entweder zu klein oder zu groß für uns ist. In der Begleitung geht es darum, von solchen falschen Selbstbildern Abschied zu nehmen und ein realistisches Bild von mir selbst zu finden.

Zu diesem Thema erzählt Jesus das kurze Gleichnis vom Turmbau. »Wenn einer einen Turm bauen will, setzt er sich dann nicht zuerst hin und rechnet, ob seine Mittel für das ganze Vorhaben ausreichen?« (Lukas 14,28)

C. G. Jung hat sein Leben lang an seinem Turm in Bollingen am Zürichsee gebaut. Er schreibt dazu: »Ich musste meine innersten Gedanken und mein eigenes Wissen gewissermaßen in Stein zur Darstellung bringen.« (Jung, Erinnerungen 227) Der Turm war Ausdruck seiner Selbstwerdung und Reifung: »Von Anfang an wurde der Turm für mich zu einem Ort der Reifung – ein Mutterschoß oder eine mütterliche Gestalt, in der ich wieder sein konnte, wie ich bin, war und sein werde. Der Turm gab mir das Gefühl, wie wenn ich in Stein wiedergeboren wäre. Er erschien mir als Verwirklichung des vorher Geahnten und als eine Darstellung der Individuation.« (Ebd. 229) Jung reservierte in diesem Turm einen Raum allein für sich, den niemand sonst betreten durfte. Der Turm war für ihn ein Bild seiner Selbstwerdung, Ausdruck dessen, was in ihm geschehen war.

Der Turm ist seit jeher ein Bild der Menschwerdung. Er ist rund und weist so auf die Ganzheit des Menschen hin. Er hat seine Fundamente in der Erde und reicht doch hoch in den Himmel hinein. Der Mensch braucht ein tiefes Fundament in der Erde, in seiner Lebensgeschichte, um sich dann aufzurichten und auch ein Mensch des Himmels zu werden. Jesus sagt nun, wir sollen das Material genau anschauen, das uns zur Verfügung steht. Das Material sind unsere Begabungen, die Erfahrungen unseres Lebens, aber auch die Verletzungen und Wunden. Unsere Lebensgeschichte ist das Material, das es zu formen gilt. Wir müssen materialgerecht arbeiten. Wir sollen uns nicht mit anderen vergleichen und sollen nicht von abstrakten Bildern unseres Selbst ausgehen, sondern von der Realität unseres Lebens und von der inneren Ahnung, welche Form unserem Turm angemessen ist. Wir sollen unseren ganz persönlichen Turm bauen, ohne uns mit anderen zu vergleichen.

Jeder Turm hat seine eigene Schönheit, wenn seine Gestalt das Material gut verwendet, aus dem er gebaut wird. So sollen wir nicht nach den Türmen der anderen schauen und uns weder von Angst noch von Größenphantasien leiten lassen, sondern von dem inneren Bild, das Gott sich von uns gemacht hat, und von dem Material, das uns zur Verfügung steht. Wenn wir in unsere Seele und in unsere Lebensgeschichte schauen, lernen wir das Material kennen, mit dem wir bauen können: unsere Begabungen, unsere Begrenzungen, unsere Ressourcen, unsere Gefährdungen, die Erfahrungen von Liebe und die Verletzungen unserer Lebensgeschichte. All das ist das Material, das es zu formen gilt. In diesem selbst gebauten Turm können wir wohnen. Er entspricht unserem Wesen.

Mit diesem kurzen Gleichnis vom Turmbau lädt uns Jesus ein, uns von Illusionen oder Selbstentwertungen zu verabschieden und am Bau unseres eigenen Turmes Lust zu entwickeln. Er wird inmitten der anderen Türme unser Wesen widerspiegeln. Und er hat seine Berechtigung. Unser Turm muss nicht größer oder kleiner sein als die anderen. Er soll so werden, wie er unserem inneren Wesen und unserer Lebensgeschichte entspricht.

Der Umgang mit Enttäuschungen

LUKAS 13,6–9

Eine Erfahrung, die sowohl die Begleiter als auch die Begleiteten betrifft, ist die Enttäuschung über das Ergebnis der Begleitung. Der Begleiter hat den Eindruck, dass beim Klienten nichts geschieht. Er hat ihm aufgezeigt, wie er mit sich umgehen soll und wie er innerlich weiterkommen kann. Aber er hat den Eindruck, dass dies alles nicht geholfen hat. Und der Klient selbst ist auch oft genug enttäuscht, dass sich nichts in ihm bewegt. Sein Baum trägt einfach keine Früchte. Alle Bemühungen sind bisher ins Leere gelaufen.

Jeder von uns kennt solche Gefühle der Enttäuschung. Und wir fragen uns: Was soll unser Leben? Wem nutzen wir? Nehmen wir nicht einfach nur anderen den Platz weg? Wir zweifeln an unserer Daseinsberechtigung. Manche sagen dann verbittert: Es wäre besser, wenn ich gar nicht da wäre. Ich bin nur eine Last für die Menschen.

In diese Erfahrung hinein erzählt Jesus das Gleichnis von dem Feigenbaum, der in einem Weinberg steht und einfach keine Früchte tragen will. Der Besitzer des Weinberges sagt zum Weingärtner: »Jetzt komme ich schon drei Jahre und sehe nach, ob dieser Feigenbaum Früchte trägt, und finde nichts. Hau ihn um! Was soll er weiter dem Boden seine Kraft nehmen?« (Lukas 13,7) Drei Jahre Begleitung haben nichts gebracht. Der Begleiter will seine Kraft anderswo sinnvoller einsetzen, als weiter mit dem hoffnungslosen Klienten zu arbeiten. Und der Klient hat auch den Eindruck, dass er dem Begleiter nur »die Zeit stiehlt«. Er steht da, aber er bringt keine Frucht. Er zweifelt an sich selbst, ob so ein Leben einen Sinn hat. Obwohl er versucht hat, sein Leben sinnvoll zu gestalten, fühlt er sich nun unnütz, vertrocknet, unfruchtbar.

In diese Enttäuschung hinein sagt der Weingärtner: »Herr, lass ihn dieses Jahr noch stehen; ich will den Boden um ihn herum aufgraben und düngen. Vielleicht trägt er doch noch Früchte; wenn nicht, dann lass ihn umhauen.« (Lukas 13,8–9)

Der Weingärtner gibt die Hoffnung nicht auf. Dieses Hoffnungsbild soll sich durch dieses Gleichnis auch in die Seele des Begleiters und des Klienten eingraben. In der Begleitung kann der Acker der Seele aufgegraben werden, durch das Gespräch, durch die Begegnung mit der eigenen Wahrheit. Und die Mechanismen, sich innerlich gegen Verwandlung zu verschließen, werden irgendwann nicht mehr greifen. Der Klient stellt sich seiner Wahrheit. Seine Widerstände zerbrechen, und er wird aufgebrochen, sich auf den Weg zu machen und seine Wahrheit anzuschauen.

Das Aufgraben und Aufbrechen ist die erste Bedingung für das Fruchtbringen des Baumes. Die zweite ist das Düngen. Es kann für die Zuwendung und Liebe stehen, die dem Klienten guttun und seinen Baum zum Blühen bringen. Wir düngen normalerweise mit Mist. Der Mist der eigenen Lebensgeschichte kann zum Dünger werden. Der Mystiker und Prediger Johannes Tauler hat wohl dieses Gleichnis im Blick, wenn er sagt: Der Bauer fährt täglich den Mist auf das Feld. Und nach einem Jahr trägt das Feld seine Früchte. Es ist ein tröstliches Bild, dass gerade das, was wir als Mist – als Scheitern, als wenig Ansehnliches und Rühmenswertes – sehen, den Acker für unseren Lebensbaum bereitet und ihn zum Blühen bringt.

Das Gleichnis vom Feigenbaum moralisiert nicht. Es bietet uns Bilder an, die sich in unsere Seele einbilden sollen, um all die negativen Bilder zu verwandeln, die uns vom Leben abhalten. Solche negativen Bilder sind Worte wie: »Aus mir wird sowieso nichts.« – »Ich bin ein hoffnungsloser Fall.« – »Ich bin nicht richtig.« – »Alle Bemühungen haben keinen Sinn.« – »Ich komme nicht weiter.«

Das Gleichnis berührt unsere Seele. Schon allein indem wir es hören und in unser Herz fallen lassen, wird der Acker unserer Seele aufgegraben und gedüngt. Aber das Gleichnis schenkt nicht nur Hoffnung, sondern fordert uns auch heraus: das zu tun, was möglich ist. Wenn der Baum nie Früchte trägt, verliert er seine Daseinsberechtigung. Aber vielleicht müssen wir uns auch von der Vorstellung bestimmter Früchte verabschieden, die wir von unserem Baum verlangen. Vielleicht genügt es, wenn der Baum kleinere Früchte bringt oder einfach nur Schatten spendet.

Die Sehnsucht nach Ganzwerdung

MATTHÄUS 25, LUKAS 14 UND MATTHÄUS 22

C. G. Jung nennt das Ziel des menschlichen Weges die Selbstwerdung oder Ganzwerdung. Jesus antwortet auf die Sehnsucht nach Ganzwerdung mit den Gleichnissen vom Festmahl und vom Hochzeitsmahl. Hochzeit meint im Traum immer die Einheit aller Gegensätze – nicht nur den Gegensatz von Mann und Frau, sondern auch von Himmel und Erde, von Geist und Trieb, von Licht und Dunkel. Auch das Festmahl ist ein Bild für die Ganzwerdung. In drei Gleichnissen zeigt Jesus uns einen Weg zur Ganzwerdung auf.

Im Gleichnis von den fünf klugen und fünf törichten Jungfrauen geht es darum, dass nur die klugen Jungfrauen zum Hochzeitsmahl kommen können. (Matthäus 25,1–13) Die klugen Jungfrauen lassen sich von ihrer inneren Einsicht leiten, sie leben bewusst und achtsam und wach. Die törichten Jungfrauen sind keine dummen Frauen, sondern sie leben einfach unbewusst in den Tag hinein, sie bereiten sich nicht sorgfältig auf den Hochzeitstanz vor. Sie gehen schlampig mit der Aussicht um, den Bräutigam in einem Tanz in die Wohnung der Braut zu führen. Und es sind Frauen, die zu spät kommen und deshalb vor verschlossenen Türen stehen. Wir kennen dieses Motiv aus den Träumen. Es meint immer, dass wir keine Beziehung zu unserem Inneren haben. Das Fest der Ganzwerdung kann ich nur feiern, wenn ich bewusst, wach und ganz im Augenblick lebe. Denn jeden Augenblick kann Christus an die Tür meines Herzens klopfen, um mit mir Hochzeit zu feiern.

Die anderen beiden Gleichnisse Jesu handeln vom Festmahl. Sie sind bei Matthäus und Lukas ähnlich erzählt, doch jeweils mit einem anderen Schluss. Bei Matthäus ist es ein König, der zum Hochzeitsmahl seines Sohnes einlädt. Doch die Gäste wollen nicht kommen, sie gehen lieber ihren eigenen Interessen nach. Andere fallen über die Diener her und bringen sie um. Der Herr schickt ein Heer und lässt die Mörder töten. Das könnte ein Bild dafür sein, dass wir die inneren Stimmen, die uns zum Mahl der Ganzwerdung einladen, zum Schweigen bringen. Sie stören uns in unserem Alltagstrott oder in der Lebensweise, in der wir uns eingerichtet haben. Doch wenn wir so auf die Einladung zur Ganzwerdung reagieren, haben wir keine Chance mehr. Nach diesem etwas kriegerischen Exkurs greift Jesus das Bild des Mahles wieder auf. Die Diener sollen nun alle Menschen einladen, die sie treffen. Und sie holen alle zusammen: Böse und Gute. Das ist ein erstaunliches Bild. Auch die Bösen werden zum Mahl der Ganzwerdung eingeladen. Doch dann wechselt wieder die Stimmung. Der König sieht unter seinen Gästen einen Mann, der kein Hochzeitsgewand anhat. Als der Mann auf die Frage, warum er ohne Hochzeitsgewand erscheine, keine Antwort weiß, lässt der Herr ihn in die äußere Finsternis hinauswerfen. Alles in uns wird eingeladen zum Mahl der Ganzwerdung, das Gute und das Böse. Aber es braucht auch unser Tun.

Die Frage ist, wofür das Hochzeitsgewand steht. Die einen meinen, der Gastgeber hätte den Gästen ein Hochzeitsgewand geschickt. Es anzuziehen ist Ausdruck des Respekts vor dem Gastgeber. Andere meinen, man müsse nicht mit einem festlichen Gewand, aber mit einem sauberen Gewand erscheinen. Dann geht es darum, sich sorgfältig auf das Geheimnis der Ganzwerdung vorzubereiten. Dies ist eine frohe Botschaft: Alles in mir kann in die Einheit mit Gott kommen – auch das Dunkle und Böse. Aber ich muss es mit dem Gewand der Liebe umkleiden. Ich muss es Gott bewusst hinhalten. Sonst wird es nicht verwandelt, sonst wird es kein Fest der Hochzeit, keine Ganzwerdung geben.

Beim Evangelisten Lukas ist der Akzent anders. Er erzählt von einem Mann, der ein großes Festmahl hält und viele eingeladen hat. Doch die geladenen Gäste reden sich heraus. Für den einen ist sein Acker wichtiger, den er gekauft hat. Der Besitz kann uns daran hindern, uns auf den Weg der Ganzwerdung einzulassen. Beim anderen sind es fünf Ochsengespanne. Sie stehen für den Erfolg und für das Vertrauen auf die eigene Kraft. Wer zu sehr auf seine Kraft oder seinen Erfolg vertraut, kann sich von seinem Herzen abschneiden und sein wahres Selbst verleugnen.

C. G. Jung meint, der größte Feind der Verwandlung sei ein erfolgreiches Leben. Wer sich auf dem Erfolg ausruht, geht nicht mehr weiter auf seincm inneren Weg. Er bleibt innerlich in seiner menschlichen Unreife stehen. Beim dritten ist es die Heirat, die ihn am Festmahl hindert. Die Heirat ist etwas Gutes. Aber es gibt auch Beziehungen, die mich davon abhalten, ganz ich selbst zu werden.

Als keiner der Gäste kommt, befiehlt der Herr seinem Diener: »Geh schnell auf die Straßen und Gassen der Stadt und hol die Armen und die Krüppel, die Blinden und die Lahmen herbei.« (Lukas 14,21)

Gerade das Arme und Verletzte in mir, das Blinde und Gelähmte in mir kann mich für den Weg der Ganzwerdung aufbrechen. Alles in mir, gerade das, was mir selbst als unansehnlich erscheint, soll in die Ganzheit mit Gott hineingenommen werden. Nur wenn ich auch meine Schwächen Gott hinhalte, kann ich in ihm ganz werden. Was ich Gott vorenthalte, das fehlt mir auch an der Ganzheit. Wenn ich meine Schwächen nicht zulasse, gehe ich nur als halber Mensch durch das Leben: als Mensch, der nur seine positiven Seiten zur Schau trägt. Wenn wir solchen Menschen begegnen, spüren wir, dass nichts strömen kann, weil etwas fehlt.

Als trotz der vielen Kranken immer noch Platz beim Festmahl frei ist, sagt der Herr zu dem Diener: »Geh auf die Landstraßen und vor die Stadt hinaus und nötige die Leute zu kommen, damit mein Haus voll wird.« (Lukas 14,23)

Ursprünglich waren hier wohl die Menschen außerhalb Jerusalems, die Heiden, gemeint, die zum Festmahl Jesu geladen sind. Doch wenn wir dieses Wort als Weisung auf dem Weg unserer Ganzwerdung verstehen, dann will mir Jesus sagen: Auch das, was außerhalb deines Bewusstseins ist, was du irgendwann auf deinem Weg liegen gelassen hast, alles, was du je erlebt hast, will in die Einheit mit Gott hineingenommen werden. Deine ganze Geschichte ist wichtig. Nimm alles mit, was du je erlebt hast. Es gehört zu deiner Ganzwerdung. Du kannst deine Umwege und Irrwege nicht verdrängen. Auch sie wollen dich zu deinem wahren Selbst in Gott führen.

Diese Therapie Jesu vermittelt mir Hoffnung: Alles an dir ist wichtig. Höre auf, es zu bewerten. Halte es Gott hin. Es gehört zu deinem Ganzsein. Und dein ganzes Leben, dein ganzes Sein, alles in dir und an dir möchte von Gottes Geist und Gottes Liebe verwandelt werden, damit in allem, was dich ausmacht, immer mehr das ursprüngliche Bild aufstrahlt, das Gott sich von dir gemacht hat.

Die Sehnsucht nach Fruchtbarkeit

MATTHÄUS 13,1–9

Viele Menschen leiden darunter, dass sie so viel spirituell oder psychologisch an sich arbeiteten, aber dass sie so wenig Fortschritte machen, dass ihr Leben trotzdem nicht fruchtbar wird und zum Blühen kommt.

Auf diese Erfahrung antwortet Jesus mit dem Gleichnis vom Sämann, der seinen Samen aussät. Ein Teil der Körner fällt auf den Weg, ein anderer auf felsigen Boden, manches fällt in die Dornen. »Ein anderer Teil schließlich fiel auf guten Boden und brachte Frucht, teils hundertfach, teils sechzigfach, teils dreißigfach.« (Matthäus 13,8)

Der Weg, der von den Schritten der Menschen zertrampelt ist, steht für das Harte im Menschen und für das Öffentliche. Wo der Mensch nur im Außen lebt, kann der Same des göttlichen Wortes nicht aufgehen. Der felsige Boden steht für Menschen, die sich schnell begeistern lassen, die aber keinen Grund und keine Wurzeln haben. Sie verdorren, sobald sie von Schwierigkeiten heimgesucht werden. Die Dornen stehen einmal für die Sorgen, die den Samen ersticken, aber auch für die Verletzungen unseres Lebens. Manche lassen sich von den Kränkungen so bestimmen, dass kein ermutigendes Wort ihre Seele erreicht und der Samen nicht aufgehen kann.

Jesus erklärt uns, warum manches in uns so wenig aufgeht. Er hält uns einen Spiegel vor, damit wir in uns den festgetretenen Weg, den felsigen Boden und die Dornen erkennen. Aber zugleich macht er uns Hoffnung. Auch in uns ist ein Teil des Samens auf fruchtbaren Boden gefallen. Und dort wird er in uns aufgehen und Frucht bringen, »teils hundertfach, teils sechzigfach, teils dreißigfach« (Matthäus 13,8). Unser Leben wird aufblühen, wenn wir den Samen des göttlichen Wortes, wenn wir die leisen Impulse Gottes in unserem Herzen auf guten Boden, auf ein bereites und offenes Herz fallen lassen. Diesen guten Boden auf dem Acker unserer Seele erkennen wir aber erst, wenn wir auch den Weg, das Zusammengedrückte und Festgefahrene in unserem Leben erkennen, wenn wir uns den Wurzeln stellen, aus denen wir leben, und wenn wir die Dornen zurückschneiden, die das ersticken möchten, was in uns aufblühen möchte.

Die Sehnsucht nach Verwandlung

MATTHÄUS 13,33 UND LUKAS 13,20–21

Manchmal höre ich in Gesprächen: »Ich habe so viel gelesen. Ich weiß, wie ich leben müsste. Aber es gelingt mir nicht.« Oder eine Frau sagte mir: »Ich habe so lange Therapie gemacht. In der Therapie ist mir alles klar. Aber im Alltag falle ich immer wieder in die alten Muster hinein.«

Auf diese Not antwortet Jesus im kurzen Gleichnis vom Sauerteig. Das Himmelreich (bei Matthäus), beziehungsweise das Reich Gottes (bei Lukas) ist wie ein »Sauerteig, den eine Frau unter drei Sea Mehl mischte, bis das Ganze durchsäuert war« (Matthäus 13,33).

Das Mehl steht für das, was uns zwischen den Fingern zerrinnen kann. Wir können es nicht fassen. Es wird vom Wind erfasst und legt sich wie Mehlstaub auf alles. Doch wenn die Frau das Mehl mit dem Sauerteig durchmischt, dann werden daraus viele Brote, die uns nähren.

Jesus will uns mit diesem Gleichnis Mut machen. Unser Leben ist nicht nur wie Mehl, das uns zwischen den Fingern zerrinnt. Wenn wir alles mit dem Sauerteig seiner Botschaft durchmischen, wird unser ganzes Leben zu Brot, das uns selbst und andere nährt. Im Griechischen ist hier von der Maßeinheit Sea die Rede. Die erwähnten drei Sea Mehl entsprechen fast vierzig Litern. Das ist eine große Menge. Daher übersetzen manche Exegeten, dass die Frau den Sauerteig unter einen großen Trog Mehl mischte. Doch die Drei ist eine symbolische Zahl. Drei Bereiche im Menschen machen den ganzen Menschen aus: Kopf, Herz und Bauch, oder Geist, Seele, Leib. Alle Philosophen oder Psychologen haben den Menschen in drei Bereiche eingeteilt. In den Märchen sind es auch immer drei Königssöhne, die ausziehen.

Die Drei steht für alle Bereiche des Menschen. In allen drei Bereichen soll das Reich Gottes sichtbar werden, alle drei Bereiche sollen von Gott bestimmt werden – und nicht mehr von fremden Mächten, die uns von uns selbst entfremden. Unser Geist wird oft von fremden Gedanken bestimmt, die ihn in die falsche Richtung führen. Unsere Seele ist oft von Kränkungen verwundet und von Lebensmustern bestimmt, die ihr die Freiheit nehmen. Und der Leib ist für manche ein Gegner, den sie ablehnen, für andere das Idol, das sie anbeten – so werden sie von ihm oder seinen Trieben bestimmt. In allen Bereichen soll Gott herrschen. Dann entsprechen die Menschen ihrem eigentlichen Wesen.

Der Sauerteig ist klein im Vergleich zu dem großen Trog Mehl. Doch er durchsäuert alles. Das Reich Gottes ist oft nicht sichtbar oder erfahrbar. Es ist eine innere Größe, die wir nicht festhalten können. Und doch dürfen wir vertrauen, dass Gott alles in uns durchdringt. Unsere Aufgabe ist es, den Sauerteig des göttlichen Geistes in alle drei Bereiche unseres Menschseins eindringen zu lassen. Dann wird alles in uns zum Brot, das nährt. Unser Geist wird nicht nur uns selbst, sondern auch anderen Frucht bringen. Unsere Seele wird nicht mehr von Zwängen, sondern von Gott geprägt. Und unser Leib wird durchlässig für Gott. Dadurch gewinnt er seine wahre Schönheit und Ausstrahlung.

Jesus fordert uns im Gleichnis vom Sauerteig nicht auf, etwas zu leisten oder mit Gewalt unsere Lebensmuster zu verändern. Er lädt uns ein, an uns geschehen zu lassen. Gottes Reich ist schon in uns. Im Gleichnis ist es die Frau, die den Sauerteig in das Mehl mischt. Die Frau steht oft für die Seele, für den inneren Bereich des Menschen. Die Seele hat ein Gespür für das Reich Gottes und dafür, dass Gott in uns herrschen möchte. Die Seele, die das Mehl unseres Alltags mit dem Sauerteig durchmischt, bewirkt in uns Verwandlung. Auf einmal ist alles in uns beseelt und alles in uns von Gottes Geist geprägt. In der Tiefe unserer Seele ist Verwandlung geschehen. Unser wahres Wesen wird sichtbar – auch wenn unser Alltag noch so vielfältig und zerrissen ist.

Die Sehnsucht nach Heimkehr

LUKAS 15,11–32

Das schönste Gleichnis Jesu hat uns der Evangelist Lukas überliefert. Und er hat das Gleichnis vom verlorenen Sohn beziehungsweise vom barmherzigen Vater als begnadeter Schriftsteller so erzählt, dass seit jeher die Menschen davon berührt werden. Die Frage ist, was die Menschen so berührt. Offensichtlich spricht das Gleichnis ihre tiefsten Sehnsüchte an: Es ist die Sehnsucht, aus der Entfremdung wieder nach Hause zu finden, aus dem Uneigentlichen zum Eigentlichen, aus dem Tod zum Leben. Es ist die Sehnsucht, dass in jeder Situation, ganz gleich, wie wir uns verrannt haben, Umkehr und Rückkehr möglich sind. Es ist letztlich die Sehnsucht, dass wir in das Haus finden, in dem wir wahrhaft beheimatet sind.

Jesus beschreibt in diesem Gleichnis zwei Haltungen, die wir alle kennen. Die beiden Söhne stehen für die zwei Pole, die auch in uns sind. Da ist der eine Pol, wie der jüngere Sohn aus der Enge der Familie, aus der Enge der Vorschriften und Gesetze auszubrechen und einfach das Leben mit allen Höhen und Tiefen kennen zu lernen. Und da ist der andere Pol, der sich über die Barmherzigkeit des Vaters ärgert.

Der jüngere Sohn möchte nicht einfach angepasst durch das Leben gehen. Er möchte sein eigenes Leben leben und es in vollen Zügen genießen. Diese Sehnsucht nach Lebendigkeit, nach dem Leben hier und jetzt, ohne schon an die Zukunft zu denken, ist gerade für unsere Zeit typisch. Die Süddeutsche Zeitung vom 10. September 2010 zitiert einen jungen Mann mit den Worten: »Dieses ständige Wegwollen. Weg, trampen zu Freunden, in die Diskothek, in Gaststätten, saufen. Hauptsache, nicht mehr zu Hause sein müssen, zu Hause, wo es keine Rückzugsmöglichkeiten gibt, kein eigenes Zimmer, offene Türen, Telefon im Wohnzimmer, zu Hause, wo einen selbst die Möbel beobachten.«

Doch – so sagt uns das Gleichnis – mit dieser Einstellung verliert der junge Mann sich selbst. Er lebt zügellos, ohne Form. So wird er formlos und haltlos. Er verschleudert sein Vermögen. Er vergeudet sich selbst an nutzlose Dinge, die ihm bald schon langweilig werden. Und so geht es ihm immer schlechter. Er, der immer die Freiheit wollte, muss sich einem Fremden aufdrängen, damit er überhaupt überleben kann. Und schließlich landet er bei den Schweinen, die für die Juden als unrein galten. Tiefer kann er nicht fallen.

In dieser Situation geben sich viele Menschen selbst auf. Sie können es sich selbst nicht verzeihen, dass sie ihr Leben zugrunde gerichtet haben und dass sie gescheitert sind. Das verbietet ihnen ihr Stolz. Wie sollte sich der junge Mann, der völlig abgewirtschaftet hat, seinem Vater und seinem Bruder zeigen, der immer korrekt und angepasst gelebt hat? Der würde sicher sagen: »Das habe ich immer schon gewusst, dass aus dir nichts wird und dass du am Ende in der Gosse landest.« Diese Schadenfreude wollen sich Menschen gerne ersparen.

Der junge Mann aber reagiert anders. Sein Leidensdruck ist so groß, dass er in sich geht. Er kommt zu sich selbst – oder wie die lateinische Übersetzung sagt: »In se autem reversus.« – »Er kehrte um zu sich selbst.« Und bei sich selbst angekommen, spürt er die Sehnsucht nach Heimkehr.

Er führt ein Selbstgespräch. Er vergleicht sich mit den Tagelöhnern des Vaters, denen es besser geht als ihm. Und so fasst er den Entschluss: »Ich will aufbrechen und zu meinem Vater gehen und zu ihm sagen: Vater, ich habe mich gegen den Himmel und gegen dich versündigt. Ich bin nicht mehr wert, dein Sohn zu sein; mach mich zu einem deiner Tagelöhner.« (Lukas 15,18–19) Im Griechischen steht hier »anastas«, das übersetzt »ich will aufstehen« bedeutet. Hier klingt das Bild der Auferstehung an. Der Sohn fühlt sich tot und will jetzt Auferstehung erleben.

Der Vater reagiert ganz anders, als der Sohn es erwartet hat. Er kritisiert und schimpft ihn nicht. Er läuft ihm vielmehr entgegen, fällt ihm um den Hals und küsst ihn. Und er lässt ein großes Fest feiern: »Wir wollen essen und fröhlich sein. Denn mein Sohn war tot und lebt wieder; er war verloren und ist wiedergefunden worden.« (Lukas 15,23–24) Der Vater macht keine Vorwürfe. Er freut sich über die Umkehr seines Sohnes. Er freut sich, dass sein Sohn aus dem Tod zum Leben erstanden ist, dass er, der sich in der Welt verloren hatte, wieder zu sich selbst und zu seinem wahren Wesen gefunden hat.

Mit diesem Gleichnis will Jesus unsere inneren Widerstände zerbrechen, die unser Unbewusstes gegen Umkehr und Vergebung aufgebaut hat. In uns gibt es die Selbstverurteilung, wenn wir einen Fehler gemacht haben. Wir können uns selbst nicht vergeben. Und alle Mahnungen, uns selbst zu vergeben, weil Gott uns vergeben hat, bleiben im Kopf und erreichen uns nicht wirklich. Da braucht es ein Gleichnis, das in der Tiefe unserer Seele, in unserem Unbewussten, eine Wandlung herbeiführt und es uns ermöglicht, uns selbst zu vergeben. Wir werden durch das Gleichnis berührt. Und in diesem Berührtsein brechen die inneren Widerstände gegen die Vergebung uns selbst gegenüber zusammen.

Wenn wir uns selbst verloren haben, dann entwerten wir uns. Wir stellen uns – wie der Sohn im Gleichnis – auf die Stufe der Tagelöhner, der Sklaven. Doch mit dieser Selbstentwertung laufen wir letztlich vor uns selbst davon, wir sind unfähig, zu uns selbst und zu unserem wahren Wesen heimzukehren. Das Gleichnis verwandelt unsere Selbsteinschätzung. Wir bekommen Mut, zu uns selbst heimzukehren, ganz gleich, wie wir bisher gelebt haben. Unwillkürlich richten wir uns auf. Mit dem Sohn gewinnen wir unseren Selbstwert wieder. Wir können wieder aufrecht durch das Leben gehen. Wir werfen uns die Vergangenheit nicht vor, sondern leben voller Dankbarkeit in der Gegenwart, weil wir aus dem Tod zum Leben erstanden sind und uns selbst wiedergefunden haben.

Der ältere Sohn ärgert sich, dass der Vater so barmherzig mit dem jüngeren Sohn umgeht, der doch das ganze Vermögen seines Vaters verschleudert hat. Jetzt muss der ältere Sohn auch noch für seinen Bruder arbeiten. Der ältere Sohn ist der angepasste Sohn, der sich an alle Gebote hält. Aber unter der Oberfläche seines Wohlverhaltens sind aggressive und sexuelle Phantasien. Er will von seinem Bruder nichts mehr wissen. Denn der habe ja seinen Teil des Vermögens des Vaters mit Dirnen durchgebracht. Davon steht in der Erzählung sonst nichts. Das sind seine unterdrückten Phantasien, die da in seiner Sprache zum Vorschein kommen.

Auch der angepasste Sohn müsste umkehren, aus der Enge in die Freiheit, aus der Härte in die Barmherzigkeit. Der Vater hat auch für den älteren Sohn Verständnis. Aber er mutet ihm eine Verwandlung zu. Er spricht ihn zärtlich auf die Gemeinschaft an, die er mit ihm hat: »Mein Kind, du bist immer bei mir, und alles, was mein ist, ist auch dein. Aber jetzt müssen wir uns doch freuen und ein Fest feiern; denn dein Bruder war tot und lebt wieder; er war verloren und ist wiedergefunden worden.« (Lukas 15,31–32)

Der Vater macht dem älteren Bruder keinen Vorwurf. Er lädt ihn – wie auch uns, die wir auch die Seiten des älteren Bruders in uns haben – zur Freude ein. Das Gleichnis lässt es offen, ob der ältere Bruder umkehrt. Jesus will auch uns nicht zu etwas zwingen. Er lädt uns ein: Indem wir uns auf das Gleichnis einlassen, es mit dem Herzen hören, geschieht eine innere Weitung unserer

Enge, wird unser Herz offen. Es kann dann sich selbst und anderen vergeben. Wir finden uns dann wieder und stehen auf, um neu unseren Weg zu gehen, ohne uns ständig die vergangenen Fehler und das Scheitern vorzuhalten. Wir finden heim in das Haus, in dem wir wirklich zu Hause sind, in dem wir das Fest des Lebens feiern dürfen.

Die Sehnsucht, das Verlorene wiederzufinden

LUKAS 15,8–10

Schon beim verlorenen Sohn wird das Thema der Verlorenheit thematisiert, aber dort mehr unter dem Aspekt von Schuld. Im Gleichnis von der verlorenen Drachme tritt der Schuldaspekt zurück. Es geht hier um das Thema, dass wir unsere Mitte verloren haben, dass uns das eigene Selbst abhandengekommen ist. Wir wissen nicht mehr, wer wir sind. Wir haben unsere innere Heimat verloren. Wir haben unsere Ideale verloren, unsere Lebendigkeit, unsere Kraft, unsere Begeisterungsfähigkeit.

In der geistlichen Begleitung höre ich oft das Klagen darüber, dass man so vieles verloren hat, was einem einst heilig war: »Ich habe meine Beziehung zu Gott verloren.« – »Ich habe den Kontakt zu mir selbst verloren.« – »Ich fühle mich in der Gemeinschaft verloren.« – »Ich habe meine Berufung verloren.« – »Ich lebe einfach nur noch so dahin.« ... Auf dieses Gefühl innerer Verlorenheit antwortet das Gleichnis von der verlorenen Drachme.

Im Gleichnis von der verlorenen Drachme steht eine Frau im Mittelpunkt. Interessant ist, dass der Evangelist Lukas die Frauen oft als Witwen oder als alleinstehende Frauen schildert. Die Frau definiert sich nicht vom Mann. Sie ruht in sich selbst. So geht es auch bei dieser Frau nicht um ihre Beziehung zum Mann, sondern um ihr Selbstsein und um ihren Selbststand.

Die Frau hat zehn Drachmen. Zehn ist die Zahl der Ganzheit. Wer zehn Drachmen besitzt, der ist ganz und heil. Doch die Frau hat eine Drachme verloren. Wenn die Frau die eine Drachme verloren hat, fällt sie aus ihrer Ganzheit, aus ihrer Einheit mit sich selbst und mit Gott. Sie hat ihre Mitte verloren. Und ohne diese Mitte nützen ihr die neun anderen Drachmen auch nichts. Sie fallen auseinander. Sie sind nicht mehr miteinander verbunden. Die Frau weiß um ihren Verlust. Sie hat sich selbst verloren.

Gregor von Nyssa, der griechische Theologe und Mystiker aus dem vierten Jahrhundert, deutet die Drachme als Bild für Christus. Psychologisch gesehen könnte man sagen, die Drachme symbolisiere das Selbst. Wer sein Selbst verloren hat, der tut nach außen noch vieles. Aber allem, was er tut, fehlt die Mitte, die Kraft, die Klarheit.

Die Frau zündet nun eine Lampe an. Für Gregor ist das der Verstand. Sie braucht das Licht des Verstandes, um das Dunkel des Unbewussten zu erhellen und darin die verlorene Ganzheit zu suchen. Lukas denkt hier sicher auch an das Licht des Glaubens. Nur durch den Glauben ist der Verstand wirklich erleuchtet. Es ist das Licht Gottes, das wir brauchen, um in unserem inneren Haus nach der Drachme zu suchen.

Die Frau fegt das ganze Haus aus. Sie fegt den Schmutz weg, der sich auf den Boden ihres Hauses gelegt hat. Gregor deutet diesen Schmutz als Bild für die Unachtsamkeit, mit der wir leben. Wenn wir uns unachtsam auf viele Aktivitäten einlassen, dann verschmutzt unser Haus. Wir sind nicht mehr Herr im Haus. Es legt sich eine Schicht von Staub auf den Boden unserer Seele. So müssen wir kräftig fegen, um wieder an den ursprünglichen Glanz unserer Seele zu gelangen. Und die Frau sucht unermüdlich. Das griechische Wort »epimelos« bedeutet: »fürsorgend, sorgfältig, genau, eifrig«. Die Frau sieht genau hin und sucht sorgfältig. Es liegt ihr am Herzen, dass sie ihre Drachme wiederfindet. Der Mensch ist nicht nur ein Gottsucher, sondern er sucht auch sich selbst, sein wahres Wesen. Denn er hat sich oft selbst verloren.

Die Frau findet ihre Drachme. Sie findet damit sich selbst. Nun ruft sie ihre Freundinnen und Nachbarinnen zusammen:

»Freut euch mit mir; ich habe die Drachme wiedergefunden, die ich verloren hatte.« (Lukas 15,9) Wer sich selbst findet, der findet auch eine neue Beziehung zu den Mitmenschen. Die Frau ruft nur Frauen zusammen. Sie will gemeinsam mit ihnen das Fest ihrer eigenen Selbstwerdung feiern. Sie hat die verlorene Drachme gefunden. Sie hat Gott gefunden als den Grund ihres Menschseins. Und sie hat ihr Selbst gefunden. Nach C. G. Jung können wir das Selbst nicht finden, ohne dass wir das Bild Gottes in unserer Seele entdecken. Das Selbst ist nicht das Ergebnis unserer Lebensgeschichte, sondern es ist das Urbild, das Gott sich von uns gemacht hat.

Ein Gleichnis hat immer verschiedene Ebenen. Es lässt dem Leser die Freiheit, seine eigenen Erfahrungen und Sehnsüchte in ihm neu zu entdecken. Die Frau kann ein Bild für die Seele des Menschen sein, der seine Mitte verloren hat und nun auf der Suche nach seinem wahren Selbst ist. Sie kann aber auch Bild für Gott sein, der den verlorenen Menschen sucht und dabei das ganze Haus auf den Kopf stellt. Wenn wir das Gleichnis so auslegen, dann wird Gott unter dem Bild einer Frau beschrieben.

Der deutsche Mystiker Johannes Tauler deutet dieses Gleichnis so, dass Gott gerade dann, wenn wir uns gut in unserem Lebenshaus eingerichtet haben, wie eine Frau handelt, die alles durcheinanderwirft, um die Drachme zu suchen. Tauler meint, gerade in der Lebensmitte hätten wir uns gut eingerichtet. Und vor lauter äußerem Tun hätten wir dort die Drachme verloren. So führt Gott uns in die Krise, in das »Gedränge«, um in uns die Drachme zu finden: unser wahres Selbst. Er führt uns in den Seelengrund. Dort entdecken wir die Drachme, das ursprüngliche Bild Gottes von uns.

Ganz gleich, wie wir das Gleichnis auslegen. Es spricht eine Sehnsucht in uns an, dass wir das, was wir verloren haben, in uns selbst wiederfinden. Es ist ein uraltes Motiv, das auch in anderen Religionen und Kulturen immer wiederkehrt: Die Römerinnen hielten zum Beispiel am 2. Februar eine Prozession. Sie gingen mit Kerzen durch die Stadt, um ihre verlorenen Töchter wiederzufinden. Der Mythos von Proserpina, die vom Gott der Unterwelt geraubt wurde, hat sie zu dieser Prozession inspiriert. Die verlorenen Töchter stehen für die verlorene Lebendigkeit und Frische, das Ursprüngliche und Unverfälschte, für das, was Zukunft verheißt, für die Lebensträume.

Das Gleichnis von der verlorenen Drachme will uns in Berührung bringen mit allem, was wir verloren haben. Und es will uns daran erinnern, dass es nie zu spät ist, das Verlorene zu suchen. Statt über das Verlorene zu jammern, sollten wir uns mit der Frau im Gleichnis auf die Suche machen. Wir werden wiederfinden, was wir verloren haben, und können dann ein Fest der Freude feiern.

Die Sehnsucht nach dem wahren Selbst

MATTHÄUS 13,44–46

Das Ziel des therapeutischen Weges ist nach C. G. Jung die Selbstwerdung. Das Selbst ist das innere Zentrum des Menschen, das sowohl Bewusstes und Unbewusstes einschließt. Jung stellt das Selbst dem Ego gegenüber. Ego ist der bewusste Personkern. Dem Ego geht es darum, sich zu präsentieren, nach außen zu glänzen, seine eigenen Bedürfnisse zu leben und sich in den Mittelpunkt zu stellen. Dem Selbst geht es einfach darum, zu sein, echt zu sein, authentisch zu sein, in der Mitte zu sein.

Jeder möchte gerne zu seinem wahren Selbst finden. Aber die Frage ist, wie der Weg zum innersten Kern des Menschen – zu seinem inneren Heiligtum, wie die stoische Philosophie das »Selbst« (im Griechischen »autos«) nennt – zu finden ist.

Jesus zeigt uns in den beiden Gleichnissen vom Schatz im Acker und von der kostbaren Perle, wo und wie wir das Selbst finden können. Schatz und Perle sind Bilder für das wahre Selbst.

Der Schatz ist im Acker vergraben. Mitten im Erdreich unserer Seele müssen wir graben. Wer im Acker gräbt, macht sich die Hände schmutzig. Der Acker, die Erde, steht für die irdische Dimension des Menschen, aber auch für seine Schattenseiten. Mit der Erde verbinden wir auf der einen Seite Schmutz. Wenn die Erde an den Schuhen klebt, haben wir das Bedürfnis, unsere Schuhe zu putzen. Die Erde steht aber auch für die Fruchtbarkeit. Auf dem Acker wächst Weizen. Jeder Landwirt schätzt die kostbaren Ackerböden. Er nimmt gerne die Scholle in die Hand, um sie zu spüren und zu begutachten. Aber viele Städter wollen nicht viel mit der Ackererde zu tun haben. Sie gehen lieber auf geteerten Wegen.

Unser Selbst – so meint Jesus – liegt aber in der Ackererde vergraben. Wir müssen im Acker unserer Seele graben, wir müssen in die Tiefe der Erde gelangen, um dort das Selbst zu finden.

Der Acker weist aber nicht nur auf den Acker der Seele hin, sondern auch auf den Leib. Die Erde des Ackers zeigt uns, dass im Irdischen, im Leibhaften unseres Menschseins der Schatz zu suchen ist. In unserem Leib drückt sich unser Selbst aus. Ob jemand er selbst geworden ist, können wir an seinem Leib ablesen. Wer verkrampft herumläuft, der hat noch nicht zu seinem Selbst gefunden. Es braucht Demut – im Lateinischen »humilitas« –, um im Humus seiner Seele nach dem Schatz zu graben. Aber wenn wir ihn gefunden haben, können wir alles andere verkaufen. Das Selbst ist der wahre Schatz, der wahre Reichtum unseres Lebens. Der Reichtum liegt nicht in äußerem Besitz, sondern in unserer Seele, im wahren Selbst.

Das Bild der kostbaren Perle, für die ein Kaufmann seinen Besitz verkauft, zeigt uns einen anderen Weg zum wahren Selbst. Die Perle wächst in den Wunden der Auster. Auf dem geistlichen Weg und auf dem Weg unserer Menschwerdung geht es darum, gerade in den Wunden der eigenen Lebensgeschichte die Perle zu entdecken. Der Pastoraltheologe und geistliche Autor Henry Nouwen meinte bei der Einweihung des Münsterschwarzacher Recollectio-Hauses vor zwanzig Jahren: »Dort, wo wir gebrochen sind, wo wir verwundet sind, dort zerbrechen auch die Masken, die wir aufgesetzt haben. Wir werden aufgebrochen für unser wahres Selbst.« Wir hören auf, unser Selbst hinter einer Fassade zu verstecken. Wir lassen von unseren Wunden die Panzer aufbrechen, die wir um unser Herz gelegt haben, um uns vor Schmerzen zu schützen. Wir erhoffen von der Therapie, dass unsere Wunden geheilt werden. Doch Jesus zeigt uns einen anderen Weg: Zuerst sollen wir in den Wunden die Perle – unser wahres Selbst – entdecken. Wenn wir die Perle entdeckt haben, dann hört die Wunde auf zu schmerzen. Aber sie bleibt noch. Hildegard von Bingen sieht das Ziel der Menschwerdung gerade darin, die Wunden in Perlen zu verwandeln.

Das Doppelgleichnis vom Schatz im Acker und von der kostbaren Perle verwandelt unsere Sichtweise vom Weg zum wahren Selbst. Wir wollen das Selbst auf intellektuellem Weg finden oder durch therapeutische oder spirituelle Methoden. Aber Jesus weist uns den Weg der Demut: den Weg in die eigene Tiefe. Dort begegnen wir den Schattenseiten und der Erdhaftigkeit unseres Lebens. Und wir begegnen dort den eigenen Verletzungen. Gerade in diesen beiden Bereichen ist der Schatz, ist die kostbare Perle zu finden, gerade dort gelangen wir zu unserem wahren Selbst. Manche haben den Eindruck, dass sie immer nur im Acker ihres eigenen Lebens wühlen und sich die Hände schmutzig machen. Aber sie sind schon nahe am Schatz dran. Sie sollen voll Vertrauen weitergraben. Irgendwann wird der Schatz auch im Acker ihrer Seele zum Vorschein kommen.

In den Gleichnissen zeigt uns Jesus Wege auf, wie wir mit unseren Leidenschaften umgehen, wie sich unser Neid, unsere Wut, unsere Eifersucht, unser Ärger, unsere Angst sich in innere Energie verwandeln und wie unsere Hoffnungslosigkeit und Verzweiflung in Vertrauen und Zuversicht umschlagen. Es ist ein therapeutischer Weg, den Jesus uns empfiehlt, ein Weg, den jeder selbst zu gehen hat.

Wer die Gleichnisse Jesu liest und sich auf sie einlässt, der geht schon einen Weg der Verwandlung. Der bekommt eine neue Sichtweise, und durch das neue Selbstbild und Gottesbild wird er selbst erneuert. Doch oft braucht es auch einen Begleiter, der einem in die jeweilige innere Problematik hinein das richtige

Gleichnis zusagt – und uns so herausfordert, unsere Situation von einem anderen Blickwinkel aus anzuschauen.

Gleichnisse sind ein wesentlicher Teil der Therapiemethode Jesu. Jesus heilt durch Erzählen. Er heilt durch Worte, die unser Herz für die eigene Wahrheit und für Gott aufbrechen, der der eigentliche Arzt für unsere Seelen ist.

Die Therapiemethoden Jesu in seinen Worten

Jesus hat dem Volk Predigten gehalten. Er hat seine Jünger belehrt. Und er hat Worte gesprochen, die von seinen Jüngern überliefert und lose gesammelt wurden. Die Evangelisten haben dann Jesu Worte oft miteinander kombiniert und zu einer Ansprache zusammengefasst. Matthäus hat zum Beispiel die Worte Jesu in fünf großen Reden Jesu zusammengestellt. Diese fünf Reden entsprechen den fünf Büchern Mose des Alten Testaments. Jesus ist derjenige, der einen neuen Weg zum Leben zeigt. Die größte Rede ist die Bergpredigt. So wie Mose am Berg das Gesetz von Gott erhielt, so verkündet Jesus die neue Weisung für die Jünger des Reiches Gottes.

Matthäus versteht Jesus als den Lehrer der Weisheit, der uns zeigt, wie das Leben gelingen kann. Dass das Gelingen unseres Lebens für Jesus ein wichtiges Anliegen ist, zeigen die vielen Seligpreisungen – nicht nur die acht Seligpreisungen zu Beginn der Bergpredigt oder die vier Seligpreisungen zu Beginn der Feldrede bei Lukas. Jesus hat immer wieder den Menschen gezeigt, wie sie selig, glücklich werden können und wie dieser Weg zum wahren Glück gelingt.

In den Seligpreisungen zeigt uns Jesus einen realistischen Weg, wie wir mitten in den Gefährdungen und Turbulenzen unseres Lebens doch zum Einklang mit uns selbst kommen. In den Weisheitsworten Jesu, wie sie uns die Evangelisten in seinen größeren Reden überliefern, entdecken wir das psychologische Wissen Jesu um den Menschen. Seine therapeutische Weisheit greift dabei oft genug die Weisheit anderer Religionen (bei Matthäus) oder die Weisheit der griechischen Philosophie (bei Lukas) auf und integriert sie.

Schon viele Autoren haben die psychologische Weisheit der Bergpredigt und anderer Weisungen Jesu dargelegt. Ich selbst habe an anderer Stelle versucht, die acht Seligpreisungen Jesu als den achtfachen Pfad Jesu zum gelingenden Leben auszulegen. In diesem Buch möchte ich mich auf wenige Worte Jesu beschränken: vor allem auf Worte, die auf den ersten Blick sperrig und unverständlich erscheinen. Früher hat man solche Worte Jesu vor allem moralisierend ausgelegt und dabei die Menschen oft überfordert. Man hat ihnen die Angst vermittelt, dass sie nie dem Anspruch Jesu gerecht werden könnten. Doch für mich gilt als Schlüssel für meine Auslegung der Worte Jesu das Wort des heiligen Augustinus: »Das Wort Gottes ist der Gegner deines Willens, bis es der Urheber deines Heiles wird. Solange du dein eigener Feind bist, ist auch das Wort Gottes dein Feind. Sei dein eigener Freund. Dann ist auch das Wort Gottes mit Dir im Einklang.«

Das heißt für mich: Immer wenn mich ein Wort Jesu ärgert, zeigt es, dass ich mein eigener Gegner bin, dass ich ein Bild von mir, vom Leben und von Gott habe, das nicht der Wahrheit entspricht und mit dem ich mir selbst schade. Indem ich mit dem Wort Jesu ringe, komme ich in Einklang mit mir selbst. Und wenn ich mit meinem Herzen übereinstimme, werde ich auch das Wort Gottes als ein freundliches Wort verstehen: als ein Wort, das mich zum wahren Leben führt.

Was Augustinus vor rund sechzehnhundert Jahren als Grundsatz der Auslegung für die Worte der Bibel – und vor allem für die Worte Jesu – aufgestellt hat, das hat Eugen Drewermann in einer eher psychologischen Sprache aufgegriffen. Er spricht davon, dass man die Worte Jesu nicht moralisierend, sondern religiös auslegen solle. Wenn sie nur als Anspruch verstanden werden, dann überfordern sie uns und erzeugen Angst. Religiös die Worte verstehen heißt, sich von ihnen in die Tiefe der eigenen Existenz führen zu lassen.

Die Worte Jesu wollen uns nicht die Frage »Was soll ich tun?«, sondern die Frage »Wer bin ich?« beantworten. Daher gehört zur religiösen Rede die paradoxe Form, so wie sie auch in den Koanworten oder in Lehrworten des Taoismus oft verwendet wird. Ein paradoxes Wort – und viele Worte Jesu sind solch paradoxe Worte – »zwingt zu langem Nachdenken in der Einsamkeit, sie nötigt zu Betroffenheit, und sie macht offenbar, dass bestimmte Probleme weder mit dem Verstand noch mit dem guten Willen moralischer Vorsätze zu lösen sind« (Drewermann 676). Beim Thema Therapiemethoden Jesu interessieren mich daher vor allem Worte Jesu, die paradox klingen, die wie ein Koan aussehen, und Bildworte, die wir nur verstehen können, wenn wir in die Bildhaftigkeit der Sprache Jesu eindringen. Es sind meistens Worte, die von seinen Jüngern einzeln überliefert wurden. Es ist nicht immer klar, in welchem Zusammenhang sie Jesus gesagt hat. Die Bemühungen der Exegeten, immer den genauen historischen Kontext zu ermitteln, sind für mich gar nicht wichtig. Entscheidend ist es, dass diese Worte eine tiefere Bedeutung haben. Sie können auch von uns in den verschiedensten Situationen unseres Lebens jeweils eine neue Wirkung entfalten. Bei all diesen Worten geht es nicht nur um Unterweisung, sondern mehr noch um die Verwandlung unserer Erfahrung. Die Worte wollen uns auf eine andere Ebene des Denkens und des Fühlens führen. Man kann sie nicht einfach nach Hause mitnehmen. Man muss sie vielmehr kauen wie Brot. Dann – so sagen schon die Propheten – werden die Worte Jesu, die anfangs bitter schmecken, in unserem Mund süß wie Honig.

Koanworte, die uns auf eine andere Ebene führen

Das Ziel der Koanworte, wie sie die Zen-Tradition kennt, ist es, den Menschen auf eine andere Ebene zu führen. Diese Worte scheinen in sich keinen Sinn zu haben. Sie lassen sich nicht logisch erklären und in eine Lehrformel hineingießen. Sie zwingen vielmehr unseren Verstand, die Ebene des logischen Denkens zu verlassen, damit uns das Geheimnis des Religiösen, das Geheimnis unserer Existenz vor Gott aufgeht.

Eugen Drewermann zitiert Martin Buber, der das Geheimnis der Koans, die er mit »Kundgebung« übersetzt, so beschrieben hat: »Gemeinsam ist ihnen, dass im Verlauf der ›Kundgebung‹ ein direkt oder indirekt gestelltes Grundproblem sich als sprachlich, ja gedanklich unlösbar, als Paradox erweist, dem kein Lehrsatz gewachsen ist, wohl aber eine die gesamte Begriffssphäre aufhebende Wesenshaltung der menschlichen Person.« (Drewermann 697, Anm. 16) Letztlich wollen die Koanworte mich in die Tiefe meiner Seele führen, in der ich erahne, was das Geheimnis meiner Existenz ist, ohne dass ich es begrifflich beschreiben könnte.

Dass Jesu Worte als Koanworte gedeutet werden können, zeigt uns schon der Evangelist Markus. Er sagt: »Durch viele solche Gleichnisse verkündete er ihnen das Wort, so wie sie es aufnehmen konnten. Er redete nur in Gleichnissen zu ihnen; seinen Jüngern aber erklärte er alles, wenn er mit ihnen allein war.« (Markus 4,33–34)

Man könnte das griechische Wort »parabole« auch mit Rätselrede übersetzen. Jesus hat nicht nur Gleichnisse erzählt, sondern viele seiner Worte waren auch Rätselworte. Aber gerade diese Art Jesu, in Rätselworten zu reden, hat eine therapeutische Wirkung. In den Rätselworten begegnen wir immer wieder dem Jesus, der letztlich unbegreiflich ist. Wenn wir seine Rätselworte in uns aufnehmen und sie meditieren, dann führen sic uns auf eine andere Ebene. Dann begegnen wir nicht nur dem Geheimnis Jesu, sondern auch dem Geheimnis unseres eigenen Lebens. Dann geht uns Gott auf neue Weise auf. Und der Gott, den Jesus verkündet, geht uns auf als der barmherzige und gnädige Gott, als der Gott, der uns in Jesus nahe gekommen ist, und als der Gott, der wahrer Arzt unserer Seelen ist. — Ich möchte nur ein paar solcher Koanworte herausgreifen:

»Lass die Toten ihre Toten begraben; du aber geh und verkünde das Reich Gottes!«

LUKAS 9,60

Dies ist ein logisch unmöglicher Satz. Denn die Toten können nichts mehr tun. Sie können nicht andere Tote begraben. Aber wenn wir dieses Wort in uns eindringen lassen, dann bringt es uns in Berührung mit all dem Toten in uns: mit dem, was eigentlich kein Leben bedeutet, mit dem routinemäßigen Ablaufen unseres Alltags, mit innerer Leere, mit Erstarrtem in unserer Seele.

Jesus sagt uns nicht, wie das gehen soll, dass die Toten ihre Toten begraben. Aber indem wir sein Wort meditieren, meldet sich in uns das Tote und Erstarrte zu Wort – und zugleich wird es begraben. Wir kreisen nicht um das Tote, sondern lassen es los. Wir erlauben es uns, es hinter uns zu lassen und es zu begraben. Und es regt sich in uns die Lust, zu gehen und so zu leben, dass nicht mehr tote Buchstaben oder tote Normen, sondern Gott in uns herrscht. Das Wort nimmt mir mein schlechtes Gewissen, das ich habe, wenn ich erstarrte Beziehungen loslasse, wenn ich leer gewordene Gewohnheiten und Rituale loslasse. Ich würde diese Dinge von mir aus nie als tot bezeichnen. Jesus erlaubt es mir mit seiner radikalen Sprache, Dinge beim Namen zu nennen und sie als tot zu deklarieren. Mit seinem Wort, dass Tote Tote begraben sollen, lädt er mich ein, mich von Dingen zu distanzieren, die mich nichts mehr angehen. Viele Dinge – wie auch Geld und materielle Sicherheit – betreffen nicht mein wahres Leben. Ich soll mich auf das Reich Gottes und seine Verkündigung konzentrieren. Ich soll aufzeigen, wie Gott in uns zur Herrschaft kommt. Wenn Gott in mir herrscht, dann werde ich lebendig.

»Viele aber, die jetzt die Ersten sind, werden dann die Letzten sein, und die Letzten werden die Ersten sein.«

MARKUS 10,31

Das Wort von den Ersten, die die Letzten, und von den Letzten, die die Ersten sein werden, zitieren die Evangelisten an verschiedenen Stellen. Dieses Wort Jesu hat offensichtlich die Hörer bewegt. Aber was es genau in uns bewegt, ist nicht auf den ersten Blick klar. Logisch ist es ja nicht, dass die Ersten die Letzten sind. Aber wenn sich dieses Wort in uns einbildet, wenn wir uns an diesem Wort abarbeiten – so wie es in der Arbeit mit den Koanworten geschieht –, dann wächst in uns die Ahnung, dass alles in uns relativ ist.

Ob wir erfolgreich sind oder nicht, ob etwas für uns zum Guten dient oder nicht, ob wir spirituell sind oder nicht, das ist alles relativ. Unsere Stärken können Schwächen sein und unsere Schwächen Stärken. Dieses Wort befreit uns von der Sucht, unseren spirituellen oder therapeutischen Weg messen zu wollen, genau überprüfen zu wollen, wo wir auf der »Leiter« der spirituellen oder menschlichen Reife gerade stehen. Alles Messen ist sinnlos. Im Reich Gottes werden die Ersten die Letzten sein und umgekehrt. Vor Gott gelten die Maßstäbe dieser Welt nicht.

In der konfrontativen Therapie verwenden manche Seelsorger und Therapeuten solche Koanworte – nicht um eine billige Lösung zu präsentieren, sondern um die Menschen herauszufordern, ihre Situation anders zu sehen. So hat ein Krankenhausseelsorger Kranken, die gejammert haben, dass ausgerechnet sie vom Krebs heimgesucht würden, dieses Koanwort mitgegeben. Das scheint auf den ersten Blick eine Zumutung. Doch wenn ich als Kranker mich an diesem Wort abarbeite und wenn ich es kaue, dann wird es mich allmählich zu einer anderen Sicht meiner Krankheit führen. Vielleicht fühle ich mich gerade als Letzter und ahne, dass ich Erster werden kann. Oder aber ich habe mich in meinem Beruf und in meiner Gesundheit immer als Erster gefühlt. Und jetzt wird mir zugemutet, Letzter zu sein. Dieses Wort ist nicht angenehm zu kauen. Aber wer es sich zumutet, den wird es auf eine andere Ebene führen – jenseits von Gesundheit und Krankheit, jenseits von Erfolg und Misserfolg, jenseits von Kraft und Schwäche.

»Eher geht ein Kamel durch ein Nadelöhr, als dass ein Reicher in das Reich Gottes gelangt.«

MARKUS 10,25

Die Jünger erschrecken bei diesem Wort Jesu. Denn etwas Geld hat jeder. Also ist jeder in irgendeiner Weise reich. Können wir also alle nicht in das Reich Gottes eingehen? Das widerspräche der Botschaft Jesu.

Manche Exegeten haben versucht, dieses Koanwort Jesu abzuschwächen, indem sie statt »Nadelöhr« mit »engem Torbogen« übersetzen. Doch damit nehmen sie dem Wort Jesu seine Kraft. Man muss dieses Wort auf sich wirken lassen, um zu erkennen, dass ich – solange ich mich vom Reichtum her definiere – nicht in das Himmelreich eingehen kann. Solange der Reichtum mich beherrscht, kann Gott nicht in mir herrschen.

Aber Jesus will hier keine absolut gültige Lehre verkünden. Deshalb führt er seine Jünger auf eine andere Ebene: »Für Menschen ist das unmöglich, aber nicht für Gott; denn für Gott ist alles möglich.« (Markus 10,27) Das Wort Jesu ist wie ein Stachel, der in uns eindringt und uns nicht in Ruhe lässt. Es zwingt uns, uns zu fragen, wie weit wir ein Reicher sind. Aber das können wir nicht an unserem Geldvermögen messen, sondern an unserer inneren Haltung. Doch diese innere Haltung entzieht sich jeder genauen Messung. So lässt uns das Wort Jesu im Fragen stecken bleiben, es führt zu einem Fragen, das uns in Bewegung bringt und unmerklich unsere innere Einstellung verwandeln möchte. Es will uns weg von der Ebene der Messbarkeit, der Beurteilung, der Wertung auf eine andere Ebene führen. Es ist eine Frage der Gottesbeziehung, ob wir reich sind oder nicht. Das Wort führt uns so letztlich in Gott hinein und nicht in das Moralisieren.

Bildworte

Jesus spricht in einer bildreichen Sprache. Bilder sind wie ein Fenster, durch das wir hindurchschauen auf das Geheimnis Gottes und das Geheimnis unseres Lebens. Bilder legen nicht fest, sondern öffnen. Die bildhafte Sprache ist immer modern. Denn unsere Seele denkt in Bildern.

In den Bildworten spricht Jesus – so versteht es C. G. Jung – die archetypischen Bilder unserer Seele an. Die archetypischen Bilder bringen uns in Berührung mit unserem wahren Selbst. Sie führen uns an die innere Quelle, die in uns sprudelt. Über Bilder soll man nicht zu viel nachdenken und sie deuten. Bilder wollen sich in unser Herz einbilden. Sie wollen uns mit dem ursprünglichen Bild in Berührung bringen, das Gott sich von uns gemacht hat.

Gebildet ist nach Platon, dem größten griechischen Philosophen, nicht der, der viel weiß, sondern der, der sich gute Bilder eingebildet hat, der sich letztlich das göttliche Bild in sich einbildet. So wollen uns die Bildworte Jesu mit dem göttlichen Bild in uns in Berührung bringen, damit wir frei werden von den Bildern, die andere uns übergestülpt haben, und frei werden von den Bildern unserer Selbstüberschätzung oder Selbstentwertung.

Die Bilder, die Jesus uns vor Augen hält, sind heilende und ermutigende Bilder. Sie sprechen die inneren Ahnungen unserer Seele nach gelingendem Leben an:

»Wenn jemand zu diesem Berg sagt: Heb dich empor, und stürz dich ins Meer!, und wenn er in seinem Herzen nicht zweifelt, sondern glaubt, dass geschieht, was er sagt, dann wird es geschehen.«

MARKUS 11,23

Viele Menschen haben den Eindruck, dass sie vor einem Berg von Problemen stehen. Sie wissen gar nicht, wo sie anfangen sollen, sie aufzuarbeiten. In diese Situation hinein sagt Jesus das Wort vom Glauben, das den Berg voller Probleme auflöst. Wenn wir die Aufforderung Jesu wörtlich nehmen würden, dann könnten wir ja zu jedem Berg sagen, er solle sich ins Meer stürzen. Jesus will uns aber nicht zu Zauberkunststücken anleiten, sondern zum Glauben.

Der Berg ist im Traum oft ein Bild für ein unüberwindbares Hindernis. In den Märchen muss oft erst ein Berg abgetragen werden, um die königliche Braut heimführen zu können. (Vgl. Drewermann 680)

Wir sprechen ja auch von einem »Berg von Arbeit«, die zu bewältigen ist, von einem »Postberg« auf unserem Schreibtisch, von einem »Berg von Schwierigkeiten«, die wir lösen sollten. Das Bild des Berges erinnert uns an die Unmöglichkeit, alles zu lösen, was uns zugemutet wird.

Doch wir sollen nicht vor dem Berg resignieren. Jesus verweist uns vielmehr auf den Glauben, der den Berg ins Meer stürzen lässt. Der Glaube ist wie ein Wunder. Auf einmal ist der Berg nicht mehr da, er ist gleichsam ins Meer gestürzt. Wir haben jetzt freie Sicht und freie Bahn, um unseren Weg weiterzugehen.

Der Glaube ist eine neue Sichtweise. Manche bleiben vor dem Berg stehen, sie sind auf die vielen Probleme fixiert und blockieren sich so selbst. Im Glauben übersteige ich die Ebene, auf der sich die Probleme auftürmen. Ich sehe sie von einer höheren Warte aus an, ich sehe sie von Gott her. Und da erscheinen die Probleme auf einmal klein. Sie stürzen zusammen wie ein Berg. So bleibe ich nicht vor dem Berg stehen, sondern kann voll Vertrauen meinen Weg weitergehen.

Die Probleme, die sich in den Weg stellen, erschrecken mich nicht. Der Glaube hilft mir, sie zu relativieren. Ich gehe voll Vertrauen auf die Probleme zu. Dann werden sie oft von alleine kleiner. Sie hindern mich nicht am Leben, sondern sie wecken meinen Glauben.

»Geht durch das enge Tor! Denn das Tor ist weit, das ins Verderben führt, und der Weg dahin ist breit, und viele gehen auf ihm. Aber das Tor, das zum Leben führt, ist eng, und der Weg dahin ist schmal, und nur wenige finden ihn.«

MATTHÄUS 7,13–14

Das enge Tor, durch das wir gehen, meint, dass wir unsere ganz persönliche Tür finden sollen, durch die wir gehen müssen, um unsere eigene Lebensspur in diese Welt einzugraben. Der breite Weg ist der Weg, den alle gehen. Der enge Weg ist der Weg, den Gott uns zugedacht hat: der Weg, auf dem wir das einmalige Bild leben, das Gott sich von uns gemacht hat.

Der enge Weg ist auch der bewusste Weg. Bewusst zu leben scheint auf den ersten Blick anstrengend zu sein. Aber in Wirklichkeit führt der enge Weg in die Weite. Wir kommen auf ihm in Einklang mit uns selbst. Wer nur den anderen nachläuft, der lebt nicht wirklich. Unsere Menschwerdung gelingt nur, wenn wir unseren ganz persönlichen Weg finden und ihn auch gehen.

Das verlangt ein bewusstes Nachdenken darüber, wer ich denn eigentlich bin, was meine Sendung ist und welche Lebensspur ich in diese Welt eingraben möchte. Wir sollen uns nicht nach den anderen Menschen richten und uns mit ihnen vergleichen, sondern die Tür finden, die für uns reserviert ist, die Tür, die uns zum Leben führt.

Diese Tür ist nicht eng, weil sie uns überfordert, sondern weil wir bewusst in uns hineinspüren sollen, was für uns stimmt und welchen Weg wir von Gott her gehen sollen. Ich soll das einmalige Bild leben, das Gott sich von mir gemacht hat. Das erkenne ich nur durch bewusstes Nachdenken und Nachspüren. Wenn ich das einmalige Bild Gottes in mir lebe, werde ich zum Segen für andere.

Der anglikanische Geistliche John A. Sanford, ein Schüler von C. G. Jung, schreibt über den breiten und engen Weg: »Der breite Weg ist derjenige Lebensweg, den wir unbewusst gehen, der Weg des geringsten Widerstandes und der Identifikation mit der Masse. Der schmale Weg erfordert Bewusstheit, wache Aufmerksamkeit, wenn wir nicht vom Pfade abkommen wollen.« (Sanford 42f)

Was Jesus in diesem Wort meint, bestätigen uns unsere Träume. Da träumen wir oft von schmalen Wegen und von engen Öffnungen, durch die wir hindurchmüssen, oder von Scheidewegen, an denen wir stehen.

Tief in unserem Herzen wissen wir, dass unser Leben durch diese enge Pforte muss, damit wir wirklich unseren eigenen Weg gehen. Mit der Masse zu gehen, sich an ihre Maßstäbe anzupassen, das ist der breite Weg. Aber er lässt uns im Unbewussten. Wenn wir entdecken wollen, wer wir sind und was das Geheimnis unserer Seele ist, dann müssen wir gegen den Strom schwimmen, dann erleiden wir »die Qual und Mühsal, die es bedeutet, ein bewusster Mensch zu werden, der seine Ängste nicht mehr hinter einer Massen-Identität verstecken kann« (ebd. 42).

Der Jude Franz Kafka hat die Botschaft dieses Jesuswortes in seiner Erzählung vom Schloss aufgegriffen. Da erzählt er von einem Juden, der zum Schloss nach Prag geht, um dort einen Auftrag zu erfüllen. Aber der Türhüter hindert ihn daran einzutreten. Der Jude wird über das lange Warten alt und schwach. Kurz bevor der Jude stirbt, sagt der Türhüter zu ihm: Jetzt kann ich die Tür ja schließen. Denn die war nur für dich bestimmt. Es gibt eine Tür, die nur für uns bestimmt ist. Diese müssen wir finden.

»Wenn der Herr des Hauses aufsteht und die Tür verschließt, dann steht ihr draußen, klopft an die Tür und ruft: Herr, mach uns auf! Er aber wird euch antworten: Ich weiß nicht, woher ihr seid.«

LUKAS 13,25

Wir kennen das Bild von der verschlossenen Tür aus unseren Träumen. Wenn wir von der verschlossenen Tür träumen, dann bedeutet das immer, dass wir die Beziehung zu unserem Inneren, zu unserem Herzen, zu unserer Seele verloren haben. Wir leben nur im Äußeren. Die Leute, von denen der Herr des Hauses sagt, dass er sie nicht kennt, leben nur äußerlich. Sie leben nicht schlecht. Aber alles, was sie tun, spielt sich nur in der äußeren Welt ab und ist ohne Beziehung zu ihrem Herzen. Selbst ihren Glauben leben sie rein äußerlich. Sie gehen in die Kirche und halten die Rituale ein. Aber sie kommen dadurch nicht mit ihrem Herzen in Berührung. Sie befassen sich sogar mit Jesus, sagen, dass sie mit ihm gegessen und getrunken und dass sie seine Lehre gehört haben. Aber sie haben ihr Herz verschlossen. Zu ihrem Herzen konnte Jesus nicht vorstoßen.

Jesus will uns einladen, von außen wieder nach innen zu gehen, mit unserem Herzen in Berührung zu kommen. Nur dann gelingt unser Leben. Mit dem eindringlichen Wort will

Jesus uns einladen, den Schlüssel zu suchen und zu finden, um die Tür zum Haus der eigenen Seele aufzuschließen, in Berührung zu kommen mit unserem Herzen und mit unserer inneren Welt, mit der Welt des Unbewussten und mit der Welt der inneren Ahnung vom erfüllten Leben. Es genügt nicht, nur nach außen hin etwas zu lernen. Wer nicht in Berührung kommt mit seiner Seele, der ist letztlich vom Leben, »vom Reich Gottes«, wie Jesus im Lukasevangelium sagt, ausgeschlossen.

»Schließ ohne Zögern Frieden mit deinem Gegner, solange du mit ihm noch auf dem Weg zum Gericht bist. Sonst wird dich dein Gegner vor den Richter bringen, und der Richter wird dich dem Gerichtsdiener übergeben, und du wirst ins Gefängnis geworfen. Amen, das sage ich dir, Du kommst von dort nicht heraus, bis du den letzten Pfennig bezahlt hast.«

MATTHÄUS 5,25–26

Dieses Wort müssen wir auf der inneren Ebene verstehen. Beim äußeren Gegner gibt es keinen Grund, immer die Schuld auf uns zu nehmen. Aber beim inneren Gegner sind wir dafür verantwortlich, wenn wir uns nicht einigen können. Wir müssen uns mit unserem Schatten auseinandersetzen und uns mit dem inneren Feind versöhnen, den wir ablehnen.

Wenn wir uns mit dem Gegner in unserer Seele nicht einigen, dann wird er sich in uns zu einem Tyrannen entwickeln, der uns beherrscht. Der innere Richter wird uns dann ständig verurteilen und uns ins Gefängnis unserer eigenen Selbstablehnung werfen. Das, was wir in uns ablehnen, wird für uns zum inneren Richter. Und dieser Richter wird uns im Gefängnis unserer eigenen Angst und Enge festhalten. Dort müssen wir all das abzahlen, womit wir uns nicht versöhnen wollten. Das, was wir nicht annehmen wollen, wird uns verfolgen. Es wird sich immer wieder zu Wort melden und uns foltern. Das gilt so von der unterdrückten Angst, von der verdrängten Sexualität, von der heruntergeschluckten Wut. All das müssen wir oft durch unsere psychischen Krankheiten, durch unsere neurotischen Symptome abzahlen.

C. G. Jung sagt einmal, die Neurose sei der Ersatz für das notwendige Leiden, das mit unserer Selbstwerdung verbunden ist. Wenn wir uns mit unseren Schwächen und Schattenseiten aussöhnen, ist das schmerzlich. Aber wenn wir diesem Schmerz aus dem Weg gehen wollen und den Gegner missachten, dann geraten wir in das Gefängnis unserer neurotischen Muster. Zur Selbstwerdung ist es nötig, dass wir uns auf unserem Weg schon mit dem inneren Gegner einigen und nicht erst bis zum letzten Gericht im Tod warten. Die Versöhnung bewahrt uns vor dem inneren Gefängnis, in das wir oft genug geraten, weil wir so vieles in uns nicht annehmen und wahrhaben wollen. Heilung bedeutet immer auch Versöhnung. Nur wenn wir uns mit dem inneren Gegner versöhnen, wird er für uns zum Freund und Helfer auf dem Weg der Heilung.

»Wenn dich dein rechtes Auge zum Bösen verführt, dann reiß es aus und wirf es weg! Denn es ist besser für dich, dass eines deiner Glieder verloren geht, als dass dein ganzer Leib in die Hölle geworfen wird. Und wenn dich deine rechte Hand zum Bösen verführt, dann hau sie ab und wirf sie weg! Denn es ist besser für dich, dass eines deiner Glieder verloren geht, als dass dein ganzer Leib in die Hölle kommt.«

MATTHÄUS 5,29–30

Menschen, die in sich eine Selbstbestrafungstendenz haben, werden durch dieses Wort Jesu in Angst versetzt. Sie fragen sich sofort, ob sie mit ihren Augen oder Händen (wie in Matthäus 5,30) gesündigt haben. Aber es geht hier weder um Kontrolle noch um Angst und Bestrafung. Wir können dieses Wort nur verstehen, wenn wir seine Bildhaftigkeit ernst nehmen.

Das rechte Auge ist das bewusste Auge. Es ist das männliche Auge, das vereinnahmt, das bewertet, verurteilt, das eindringen und manchmal auch töten will. Es ist das gierige Auge, das alles besitzen möchte. Das linke Auge ist das unbewusste Auge, das weibliche Auge, das sein lässt, das staunt, das betrachtet und wahrnimmt. Die rechte Hand ist die Hand des Machers, der meint, er könne alles erreichen, was er will. Die linke Hand ist die weibliche Hand, die empfängt, die zärtlich ist, die berührt, die heilt.

Wer meint, er könne alles, was er wolle, mit seiner rechten Hand erledigen, der merkt gar nicht, wie er viele innere Impulse seiner Seele mit seiner Machermentalität unterdrückt. Irgendwann melden sich diese Impulse und werfen ihn in das Feuer seiner verdrängten unbewussten Seelenbereiche.

Und wer alles nur mit seinem rechten Auge anschaut, wer alles bewertet und vereinnahmt, in dem wird sich das Unbewusste mit Macht regen. Und er wird in die Hölle seines inneren Chaos geworfen. Die innere Hölle wird sich in nächtlichen Träumen äußern, die ihn in Schrecken versetzen. Der Mensch kann nicht ungestraft einseitig leben. Er muss auch dem Unbewussten Raum geben. Sonst schadet er sich selbst.

Das Bewusste und das Männliche – so sagt Jesus – sollen wir zurückschneiden, damit auch das Unbewusste und das Weibliche in uns zur Geltung kommen. Nur so wird unser Leben gelingen. Es geht um die richtige Balance zwischen bewusst und unbewusst, zwischen männlich und weiblich, zwischen extrovertiert und introvertiert.

Provozierende Worte Jesu

Wenn Jesus mit seinen Worten provoziert, dann will er damit unsere Sichtweise in Frage stellen. Er will uns aus der Reserve locken, damit wir neu über unser Leben nachdenken. Wir machen uns oft genug falsche Vorstellungen von unserem Leben, an denen wir festhalten. Wir meinen, wir würden unser Leben richtig sehen, denn unsere Sichtweise ist ja vernünftig. Sie entspricht nach unserer Meinung der spirituellen Tradition und der therapeutischen Einsicht.

Doch oft genug sind wir in Gefahr, uns mit unseren Vorstellungen einzurichten, und wir verweigern so einen Weg in neue Dimensionen unseres Lebens. Da muss Jesus schon provozieren und uns aufreizen, um uns in unseren Vorstellungen zu verunsichern. Nur so werden wir uns auf den Weg machen und neu fragen, wie wir leben sollen. Ich möchte nur zwei provozierende Worte Jesu herausgreifen:

»Meint ihr, ich sei gekommen, um Frieden auf die Erde zu bringen? Nein, sage ich euch, nicht Frieden, sondern Spaltung.«

LUKAS 12,51

Wir haben unser festes Bild von Jesus als dem Friedensbringer. Lukas selbst hat in der Kindheitsgeschichte Jesus als den wahren Friedensbringer beschrieben und ihn als Gegenbild zum Friedenskaiser Augustus entworfen. Jetzt sagt Jesus das Gegenteil, er sei nicht gekommen, Frieden zu bringen, sondern Spaltung. Und er schildert das dann in den an das obige Zitat folgenden Versen sehr drastisch. In der Familie werden alle gegeneinanderstehen, der Vater gegen den Sohn und der Sohn gegen den Vater und so weiter. Mit diesem provozierenden Wort will Jesus nicht unsere Familienstreitigkeiten sanktionieren. Er will uns vielmehr davor bewahren, uns von anderen Menschen bestimmen zu lassen und so das eigene Gespür für das Stimmige um der Harmonie willen zu unterdrücken. Es gibt auch einen faulen Frieden, eine künstliche Harmonie. Es gibt in der Familie die Harmonisierer, die keinen Konflikt aushalten und daher alles mit frommen Worten zudecken wollen.

Jesus will uns ermutigen, dass wir uns zuerst einmal von den anderen in einem guten Sinn distanzieren. Wir müssen den eigenen Stand finden und auf eigenen Füßen stehen. Nur so sind wirkliche Beziehungen möglich. In vielen Familien gibt es keine wirklichen Beziehungen. Da wird alles der Familientradition unterworfen. Da gibt es Familienskripts: »Bei uns denkt man so.« – »Bei uns tut man so etwas nicht.« Jesus provoziert uns, damit wir den Mut finden, unseren eigenen Weg zu entdecken und Selbststand gegenüber der Familie zu gewinnen. Nur wenn wir unsere eigene Identität gefunden haben, ist ein gutes Miteinander möglich.

In vielen Familien ist das Miteinander erzwungen. Es ist von Enge und Angst geprägt: »Was sagen die Leute über uns?« – »Was denken die anderen, wenn wir uns so zeigen, wie wir sind?« Manch einer, der die christlichen Normen nach außen vertritt, ist noch nicht aus seiner Familienenge herausgetreten. Erst der freie Mensch, der zu sich gefunden hat, versteht, was Jesus von uns Menschen will. Er lässt sich dann auf Jesu Botschaft ein. Manchmal aber verwechseln wir die Botschaft Jesu mit Wohlanständigkeit und Anpassung. Jesus will den freien Menschen. Er provoziert uns, die eigene Freiheit zu wagen, um so wirklich beziehungsfähig zu werden.

»Wer mein Jünger sein will, der verleugne sich selbst, nehme sein Kreuz auf sich und folge mir nach. Denn wer sein Leben

(seine Seele) retten will, wird es verlieren; wer aber sein Leben (seine Seele) um meinetwillen verliert, wird es gewinnen.«

MATTHÄUS 16,24–25

Das Wort von der Selbstverleugnung ist oft genug missverständlich als Selbstverneinung, Selbstverbiegung und Selbstentwertung ausgelegt worden. Doch das ist nicht damit gemeint. Das griechische Wort »aparneisthai« bedeutet »nein sagen, sich weigern«. Wer Jesus nachfolgt, muss zu egozentrischen Tendenzen seiner Seele nein sagen, die auch das Göttliche noch vereinnahmen möchten.

Wir dürfen Gott nicht für uns missbrauchen, um immer »gut drauf« und immer glücklich zu sein. Wer Gott erfahren will, braucht Abstand zu seinem Ego. Die Mystiker haben dieses Wort richtig verstanden. Wer Gott in sein Ego zwingen will, der missbraucht Gott und geht am wirklichen Gott vorbei. Gott ist größer als das Ego. Wir brauchen innere Distanz zu jener Tendenz in uns, die alles haben, alles vereinnahmen, alles für sich gebrauchen möchte, die immer nur um sich kreist und die auch Gott noch zu sich hinabziehen möchte. Wer auf sein kleines Ich fixiert ist, dem geht es nur um »angstvolle Selbstbewahrung« (Eugen Drewermann).

Wer Christus nachfolgt, dem weitet sich das Herz und der hält sein zerbrechliches Ich Gott hin. Wirkliche Gotteserfahrung ist nur möglich, wenn wir unser Ego loslassen. Wenn Gotteserfahrung dazu dient, das Ego aufzublähen, dann wird der Mensch blind und gerät in die Irre.

Genauso missverständlich ist oft das Bild vom Kreuztragen ausgelegt worden. Es wird manchmal so verstanden, dass wir uns das Leben möglichst schwer machen müssten und dass wir möglichst viele Opfer bringen sollten. Das Kreuz auf sich nehmen bedeutet aber ja sagen zu dem, was mich täglich durchkreuzt. Und Kreuz ist ein Bild für die Einheit aller Gegensätze. Das Kreuz auf sich nehmen heißt daher: Ja sagen zu mir selbst in meiner Gegensätzlichkeit.

C. G. Jung meint, wer den Weg der Selbstwerdung gehe, der komme am Kreuz nicht vorbei, der spüre, wie schmerzlich es sein kann, sich selbst mit den eigenen gegensätzlichen Polen anzunehmen. Die Kreuzgebärde ist für den Evangelisten Johannes eine Gebärde der Umarmung: »Vom Kreuz herab werde ich alle an mich ziehen.« (Johannes 12,31)

Das Kreuz auf sich nehmen heißt, sich selbst mit den eigenen Stärken und Schwächen zu umarmen: mit dem Gesunden und Kranken, mit dem Ansehnlichen und Unansehnlichen, mit dem Heilen und dem Zerbrochenen, mit dem Gelungenen und Misslungenen, mit dem Gelebten und Ungelebten, dem Bewussten und Unbewussten. Das Kreuz auf sich nehmen bedeutet, sich selbst und die eigene Gegensätzlichkeit anzunehmen.

Das paradoxe Wort, dass der, der sein Leben beziehungsweise seine Seele retten will, es beziehungsweise sie verliert, provoziert uns, darüber nachzudenken, was uns wirklich zum Leben führt. Das griechische Wort »sosai« bedeutet neben »retten« auch »heilen, gesund machen, erlösen«. In diesem Sinn hat es die lateinische Übersetzung »salvam facere« verstanden. Es ist ein vielfaches Paradox, das Jesus hier anspricht: Wer immer nur um seine Gesundheit kreist, wird krank. Wer aus Angst, sich zu verausgaben, sich immer nur zurückhält, lebt nie wirklich. Wer sich immer nur schützt, damit er nicht zu viel tut, fühlt sich ständig überfordert.

Jesus durchbricht alle klugen Ratschläge, die uns heute sagen wollen, dass wir gut mit uns umgehen und dass wir uns gut abgrenzen sollen. Diese Ratschläge haben zwar durchaus ihre Berechtigung. Aber wir machen aus unserer Gesundheit, aus unserer Selbstliebe, aus unserem Abgrenzen allzu leicht eine Ideologie. Jesus lässt uns nicht in Ruhe. Sein Wort ist wie ein Stachel, den wir nicht einfach aus uns herausreißen können. Es hält uns in Bewegung. Es stellt uns immer wieder die Frage, ob wir den Mut haben, uns ganz und gar auf das Leben, auf die Liebe und auf die Menschen einzulassen.

Nur wer sich im Einlassen selbst vergisst, gewinnt sich. Wer frei ist vom Kreisen um sich selbst, der ist wirklich präsent und ist im Einklang mit sich selbst. Wer aber vor lauter spirituellem oder therapeutischem Kreisen um sich selbst immer darauf aus ist, glücklich zu werden, der wird es nie erreichen. Der wird im Kreisen um sich selbst stecken bleiben. Das Leben will aber fließen. Wo es nicht fließt, geht der Mensch am Leben vorbei.

Ermutigende Grundsätze

Manchmal stellt Jesus Grundsätze auf, die ewige Geltung beanspruchen. Aber diese Grundsätze sind keine Normen, die wir befolgen müssen. Mit ihnen zeigt Jesus vielmehr die Bedingungen für ein gelingendes Leben auf. Es sind Grundsätze, die einen Horizont eröffnen und befreien. Und es sind Kriterien, die wir uns immer vor Augen halten sollen. Mit ihnen können wir prüfen, ob wir auf unserem spirituellen Weg dem Geist Jesu folgen oder ob wir den Geist Jesu mit unserem spirituellen Ehrgeiz verwechseln. Wieder sollen nur ein paar Beispiele für diese Eckpfeiler gesunden Lebens angeführt werden:

»Der Sabbat ist für den Menschen da, nicht der Mensch für den Sabbat.«

MARKUS 2,27

Auf dem spirituellen, aber auch auf dem therapeutischen Weg machen wir uns gerne innere Gesetze. Wir zwingen uns zum täglichen Joggen, zu gesunder Ernährung, wir probieren die verschiedensten Methoden aus, die uns ein gesundes Leben versprechen. Oder wir entwickeln Rituale, mit denen wir unseren Alltag gestalten und für Gott öffnen.

Bei manchen spirituellen Menschen beobachte ich, dass sie sich ein System von Regeln auferlegen. Sie haben ein schlechtes Gewissen, wenn sie beispielsweise einmal einen Rosenkranz nicht beten konnten, der zu ihrem religiösen Programm gehört. Andere haben ein schlechtes Gewissen, wenn sie keine Zeit zum Joggen finden oder sich mal nicht so gesund ernähren. Oft vergessen wir dabei, dass all diese Methoden und Rituale für den Menschen da sind und nicht der Mensch für die Rituale.

Jesus relativiert jede Methode. Er lehnt sie nicht ab. Aber er zeigt in diesem Grundsatz, dass es immer um den Menschen geht. Das ist ein wichtiges Kriterium, mit dem wir unser geistliches Leben im Orden oder in der Welt, mit dem wir unsere Lebensweise, die wir uns erarbeitet haben, überprüfen sollen. Denn oft genug haben sich Regeln, die zunächst – genau wie das Sabbatgebot – eine Hilfe sein sollten, verselbstständigt. Sie sind zum inneren Gesetz geworden, das uns unfrei macht und uns in die Enge führt. Jesu Grundsatz, dass der Sabbat für den Menschen da ist, befreit uns von der Angst, nicht genug für unsere Spiritualität oder unsere Gesundheit zu tun. Gesund ist auch, wenn wir uns von Regeln nicht vereinnahmen und versklaven lassen.

»Es gibt nichts Verborgenes, das nicht offenbar wird, und nichts Geheimes, das nicht an den Tag kommt.«

MARKUS 4,22

Das Wort vom Verborgenen, das offenbar werden wird, haben die Evangelisten Matthäus, Markus und Lukas jeweils in einen anderen Rahmen gestellt – und es damit jeweils auf ihre Weise interpretiert. Aber es steht zunächst absolut da. Es ist ein Grundsatz für alle Bereiche des Menschen. Es gibt keine Gedanken, die ich vor anderen verbergen könnte. Alles, was ich unterdrücken möchte, wird irgendwann offenbar. Entweder durch meine Worte oder durch meinen Leib, der meine Wahrheit nach außen hin offenbart. Oder aber eine körperliche oder seelische Krankheit offenbart meine unterdrückten Leidenschaften und Triebe.

Jesus will uns mit diesem Grundsatz keine Angst einjagen. Vielmehr liegt in diesem Wort etwas Befreiendes. Da Gott sowieso alles kennt, dürfen auch wir alles Verborgene in uns anschauen. Und es darf auch nach außen hin offenbar werden. Wir haben nichts zu verbergen, weil alles in uns von Gott angenommen und angeschaut und von seinem Licht und seiner Liebe durchdrungen ist.

Dieses Wort möchte gerade Anfängern auf dem geistlichen oder therapeutischen Weg die Angst nehmen. Viele haben Angst, der Therapeut könnte in die tiefsten Winkel ihrer Seele schauen. Doch dann erfahren viele es gerade als befreiend, dass sie über alles sprechen können, weil der Begleiter nichts bewertet. Alles darf sein, weil alles von Gottes Licht erhellt und geheilt werden kann.

Andere haben Angst, ihre Kollegen oder Freunde könnten hinter ihrer Fassade all die Unsicherheit entdecken, die sie mühsam verbergen. Jesus fordert mit diesem Wort kein neues Verhalten. Er stellt vielmehr einen Grundsatz auf, mit dem wir uns innerlich auseinandersetzen sollen. Wenn wir diesen Grundsatz verinnerlichen, dann wird er seine befreiende und heilende Wirkung in uns von selbst entfalten.

»Nichts, was von außen in den Menschen hineinkommt, kann ihn unrein machen, sondern was aus dem Menschen herauskommt, das macht ihn unrein.«

MARKUS 7,15

Dieser Grundsatz Jesu gilt nicht nur für das Essen. Bei den Juden ging es darum, welche Speisen rein und unrein seien. Jesus – so sagt Markus – erklärte alle Speisen für rein. (Vgl. Markus 7,19) Es gibt auch Menschen, die Angst haben, die Gedanken der anderen könnten sie verunreinigen. Oder die Atmosphäre in einem Haus oder feindliche Menschen könnten sie negativ beeinflussen. Gegen die Angst vor negativen Einflüssen von außen kann man kaum mit Argumenten oder mit verständnisvoller Anteilnahme angehen. Da braucht es so einen festen und unumstößlichen Grundsatz. Er hebt all die Zweifel in uns auf, ob wir nicht doch von der negativen Ausstrahlung anderer Menschen beeinflusst oder verdorben werden. Entscheidend ist, was aus uns herausgeht. Wir können uns gegen alles wehren, was von außen in uns eindringen möchte. Wir können zwar nicht verhindern, dass es unser Denken und Fühlen beeinflusst. Aber in uns ist ein Raum, der nicht verunreinigt werden kann von außen. Solche Sätze, die Jesus gleichsam in den Stein meißelt, befreien von allen Grübeleien. Es sind heilsame Worte.

Der Evangelist Lukas hat dieses Wort auf seine Weise interpretiert. Er lässt Jesus sagen: »Gebt lieber, was in den Schüsseln ist, den Armen, dann ist für euch alles rein.« (Lukas 11,41) Lukas kennt als Grieche die Diskussion um reine und unreine Speisen nicht. Er führt Jesu Grundsatz weiter, indem er ihn auf die Liebe hin interpretiert. Wenn wir das, was wir haben, mit anderen teilen, dann brauchen wir uns keine Gedanken zu machen, ob unser Besitz oder das Geld oder die Speisen unrein sind. Wenn wir alles mit den Armen teilen, dann ist für uns alles rein.

Auch diese Deutung hat ihren Sinn. Ich kenne Menschen, für die Geld immer schon schmutzig ist. Doch Geld ist nicht an sich schmutzig. Es wird rein, wenn wir es mit anderen teilen. Augustinus hat diesen Grundsatz Jesu, wie ihn uns Lukas überliefert hat, hineinübersetzt in die kurze Formel: »Ama et fac quod vis.« – »Liebe und tu, was du willst.« Kürzer und prägnanter kann man das Wort Jesu kaum zusammenfassen.

»Wo euer Schatz ist, da ist auch euer Herz.«

LUKAS 12,34

Auch dieser Grundsatz ist ein heilsames Wort. Es will uns zeigen, was uns guttut. Gut für unser Herz ist, wenn unser Schatz nicht in zu engen und irdischen Dingen besteht, wie Erfolg und Besitz oder Zustimmung von außen. Denn wenn unser Herz sich an solche Dinge hängt, wird es etwas von der Qualität dieser Dinge annehmen. Wenn Geld zu unserem Schatz wird, wird unser Herz sich nur um Geld drehen, und es wird dann erstarren. Es verliert seine Lebendigkeit und seine Fähigkeit zu lieben.

Wenn ein geliebter Mensch unser Schatz ist, wird das Herz weiter. Mancher Mann nennt seine Frau oft »Mein Schatz«. Doch wenn er den Schatz zu sehr festklammert, entzieht sich ihm die Frau, und er verliert seinen Schatz. Oder aber der Schatz verliert durch die Alltäglichkeit des Miteinanders seinen ursprünglichen Glanz. Jesus bezeichnet Gott als unseren wahren Schatz. Es ist ein Schatz, der in uns ist, der sich aber unserem Zugriff entzieht. Und es ist ein Schatz, der nie seinen Glanz verliert, weil er göttlich ist. Wenn Gott unser Schatz ist, dann ist unser Herz in Gott. In Gott wird es weit und erfährt einen tiefen inneren Frieden und Beglückung.

Keiner kann wohl für sich behaupten, dass Gott allein sein Schatz ist. Jesus will uns mit diesem Wort herausfordern, uns immer wieder neu zu fragen, was für uns der wahre Schatz ist und woran wir unser Herz hängen -- und was es mit unserem Herzen macht.

»Wer in den kleinsten Dingen zuverlässig ist, der ist es auch in den großen, und wer bei den kleinsten Dingen Unrecht tut, der tut es auch bei den großen.«

LUKAS 16,10

Mit diesem Grundsatz will Jesus keinen Perfektionismus propagieren. Wenn darin die Mahnung stecken würde, alles sorgfältig zu machen und bei den kleinsten Dingen alles perfekt zu erledigen, dann würden wir uns damit überfordern. Doch Jesus – so wie ihn Lukas auf dem Hintergrund der griechischen Philosophie versteht – weist mit diesem Satz auf etwas anderes hin. Die kleinen Dinge sind die Dinge dieser Welt: der Umgang mit Geld, das Wirtschaften in der Firma, der Umgang mit Besitz. All das sind kleine Dinge gegenüber den großen Dingen wie die Seele, wie Gott, wie das göttliche Leben im Menschen.

Jesus will sagen: Am Umgang mit dieser Welt entscheidet sich auch das spirituelle Leben. Ich darf das spirituelle Leben nicht nur auf geistige Ideen und Ideale beschränken. Am Umgang mit den verschiedenen Dingen – mit dem Werkzeug, mit meinem Leib, mit den mir anvertrauten Sachen – erkenne ich auch, ob ich ein geistlicher Mensch bin.

Manche, die den spirituellen Weg gehen, merken gar nicht, wie sie mit ihrem Weg den Herausforderungen des Alltags aus dem Weg gehen. Sie sind unfähig, sorgfältig mit ihrer Zeit, mit ihrer Arbeit, mit den Dingen des Haushalts umzugehen. Sie fliehen vor der Welt ihres Alltags in eine spirituelle Scheinwelt. Doch Jesus bindet das Geistliche an das Weltliche.

In den Worten, die Lukas diesem Grundsatz folgen lässt, konkretisiert Jesus den Umgang mit den kleinen Dingen, indem er ihn auf den Umgang mit dem Geld hin interpretiert. Er nennt das Geld »ungerechten Reichtum« und »fremdes Gut«. Aber nur wenn wir mit dem ungerechten Reichtum sorgfältig umgehen, wird Gott uns das wahre Gut anvertrauen und uns unser wahres Eigentum geben.

Das wahre Gut und Eigentum ist die Seele, ist letztlich Gott selbst. Unsere Spiritualität hängt also auch daran, wie wir mit dem Geld und unserem täglichen Lebensunterhalt umgehen. Jesus hindert uns daran, in fromme Worte und Ideen zu fliehen. Er konfrontiert uns immer wieder mit der ganz gewöhnlichen Realität unseres Alltags. Wie wir den Alltag und im Alltag leben, daran zeigt sich unsere menschliche und spirituelle Reife.

Es gibt noch viele andere Worte Jesu, die wir auf ihre heilende und befreiende Wirkung hin untersuchen könnten. All diese Worte wollen uns auf eine andere Ebene des Denkens und Fühlens führen. Auf dieser Ebene erleben wir uns dann anders. Da werden wir nicht mehr von den krankmachenden Worten wie: »Bei dir geht sowieso alles schief.« oder: »Du bist eine Last für uns.« bestimmt.

Die Worte Jesu sind Segensworte. In ihnen begegnet uns der Segen Gottes. Aber er begegnet uns oft auf paradoxe Weise. Gerade indem die Worte nicht einfach beruhigen, fordern sie uns heraus, uns mit ihnen zu beschäftigen und uns von ihnen in eine andere Dimension des Lebens mit Gott und aus Gott führen zu lassen.

Die Therapiemethoden Jesu in den Heilungsgeschichten

In den Gleichnissen und Worten sind wir Jesu therapeutischer Weisheit begegnet. In den Heilungsgeschichten sehen wir, wie Jesus auf verschiedene Weise auf Kranke eingeht. Diese verschiedenen Weisen, Kranke zu behandeln und auf sie zuzugehen, könnten wir als »Therapiemethoden« Jesu beschreiben.

Es ist interessant, diese »Therapiemethoden« Jesu mit heutigen therapeutischen Schulen zu vergleichen. Dabei werden wir erkennen, dass Jesus keine therapeutische Schule gegründet hat. Er geht vielmehr von seinem inneren Gespür her auf die Menschen ein.

In den Heilungsgeschichten können wir beides entdecken: die Therapiemethoden Jesu und zugleich unsere Wege zum Heilwerden. Jesus heilt nicht einfach wie ein Arzt, der Krankheiten wegnimmt, sondern er begegnet den Menschen, konfrontiert sie mit ihren Wunden und zeigt ihnen einen Weg, wie sie in der Begegnung mit ihm heute heil werden können. Daher sind die Heilungsgeschichten nicht nur für Therapeuten und geistliche Begleiter interessant, damit sie etwas für das eigene Handeln lernen. Sie sind zugleich auch eine Einladung an jeden Leser und jede Leserin, sich der eigenen Wunden bewusst zu werden und diese in die Begegnung mit Jesus hineinzuhalten. Sie können in der Art, wie Jesus die Kranken geheilt hat, auch Schritte für ihren eigenen Heilungsprozess entdecken.

Wenn wir die Heilungsgeschichten der Bibel anschauen, so entdecken wir, dass in manchen Geschichten die Kranken auf Jesus zugehen, in anderen geht Jesus auf den Kranken zu. Manchmal bringen auch Angehörige oder Freunde den Kranken zu Jesus.

Auch die Art und Weise, wie Jesus heilt, wird sehr verschieden dargestellt. Manchmal heilt Jesus auf eine eher sanfte und zärtliche Art und Weise und lässt sich auf die Menschen ein. Ein andermal therapiert Jesus mit einer schroffen und konfrontierenden Methode.

Jesus heilt den Einzelnen. Aber er heilt auch die Beziehungen zwischen Eltern und Kindern. Ich möchte im folgenden Text nicht alle Heilungsgeschichten nacheinander aufzählen und auslegen, sondern aus den verschiedenen Erzählungen eine gewisse Systematik des Heilens entwickeln.

Das unterschiedliche Verständnis von Krankheit und Heilung in den Evangelien

Schon die Evangelisten haben die Therapiemethoden Jesu in einer gewissen Weise systematisiert. Jeder Evangelist hat ein anderes Verständnis von Krankheit und Heilung. Jeder deutet das, was Jesus an den Kranken tut, auf seine Weise und vor dem Hintergrund seines Verständnisses von Therapie.

So könnte man sagen, dass bei Markus Krankheit immer Ausdruck von Besessenheit ist. Bei der Heilung geht es vor allem darum, die Dämonen auszutreiben. Für Markus sind Dämonen unreine Geister, die unser Denken trüben. Der Bibelwissenschaftler Fridolin Stier nennt sie »Aber-Geister«, die den Menschen davon abhalten, seinen Weg zu gehen, weil sie bei allem, was er tut, ein »Aber so geht das nicht« dagegensetzen.

Die Dämonen, so schildert es uns Markus, zerreißen den Menschen, sie zerren ihn hin und her. Sie wollen den Menschen hindern, sich auf die Heilung durch Jesus einzulassen. Das ist das Geheimnis der Aber-Geister, die dem Menschen seine klare Linie rauben und ihn einmal in diese und dann in eine andere Richtung treiben. Wir würden heute unserem psychologischem Wissen gemäß sagen: Dämonen sind neurotische Lebensmuster, psychische Komplexe, Zwänge, fixe Ideen, die uns nicht klar denken lassen.

Heilung ist für Markus immer auch Befreiung. Der Mensch wird frei von Lebensmustern, die ihn bestimmen und ihn daran hindern, sein wahres Wesen zu verwirklichen. Er wird frei von den Trübungen seines Denkens und Fühlens. Und er wird frei von den Aber-Geistern, die ihn hin und her zerren und ihn daran hindern, sich auf Heilung einzulassen.

Der Evangelist Matthäus sieht als Judenchrist eine Verbindung zwischen Krankheit und Schuld. Der jüdische Psychoanalytiker Sigmund Freud hat dieses Verständnis in seiner kausal-reduktiven Krankheitsdeutung aufgegriffen. Freud führt die Krankheit immer auf eine Ursache zurück. Das ist oft berechtigt. Aber die Gefahr dieser Sichtweise besteht darin, dass ich jedem Kranken vermittle: Du bist selbst schuld daran. So würde jede Krankheit bei uns Schuldgefühle hervorrufen, und wir würden uns ständig fragen: »Was habe ich verkehrt gemacht?«, »Wo habe ich falsch gelebt?« oder »Wo bin ich schuldig geworden?« Oder aber wir würden uns fragen: »Warum bestraft mich Gott mit dieser Krankheit?« Solche Fragen führen nicht weiter. Und Schuldgefühle, mit denen wir auf die Krankheit reagieren, würden uns daran hindern, gesund zu werden.

Heilung hängt bei Matthäus mit Vergebung zusammen. Auch wenn wir das nicht verallgemeinern dürfen, hat diese Sicht doch auch heute ihre Bedeutung. Manchmal werden Menschen nicht gesund, weil sie immer noch um eine alte Schuld kreisen und sich nicht vergeben können. Gerade die vielen Zwangserkrankungen weisen oft auf verdrängte Schuld hin. Gesund wird der Mensch nur dann, wenn er vertrauen kann, dass ihm alle Schuld vergeben ist, wenn er sich selbst vergeben kann und wenn er den Menschen vergibt, die ihn verletzt haben. Denn wer nicht vergibt, der ist noch an den gebunden, der ihn verletzt hat. Vergebung ist ein therapeutischer Akt, der auch heute bei vielen Kranken heilsam ist.

Lukas erzählt unter allen Evangelisten die meisten Heilungen am Sabbat. Man könnte sagen: Die Krankheit ist für den Griechen Lukas eine Deformation des Menschen. Der Mensch, so wie Gott ihn in der Schöpfung gestaltet hat, ist gebeugt worden, von einer Sucht befallen und innerlich erstarrt.

Heilung geschieht, indem Jesus den Menschen wieder in seine ursprüngliche Form bringt: in jene Gestalt, die Gott ihm in der

Schöpfung gegeben hat. Wenn der Mensch krank wird, wird – so sagt uns die griechische Philosophie, der Lukas sich verpflichtet weiß – seine Würde beeinträchtigt und die Harmonie seiner Seelenteile zerstört. Heilung ist Wiederherstellung des Menschen in seiner ursprünglichen Gestalt und Schönheit, in seiner Würde und inneren Harmonie.

Lukas gilt in der Legende als Arzt. Er beherrscht die ärztliche Sprache. Kein anderer Evangelist spricht so oft von »iaomai« – »heilen« – und »therapeuein« – »gesund machen«, »pflegen«, »dienen«. Jesus ist jedoch nicht nur der Arzt, der Kranke heilt, sondern auch der Arzt, der – nach dem Verständnis der Griechen – als Steuermann unser Lebensschiff in die richtige Richtung lenkt. Er ist der Arzt, der uns die Diätetik, die Kunst des gesunden Lebens lehrt. Daher gehört die Lehre Jesu genauso zu seinem therapeutischen Wirken wie seine Heilungstätigkeit.

Beim Evangelisten Johannes könnte man sagen: Krankheit ist Ausdruck dafür, dass der Mensch die Beziehung zu seiner göttlichen Quelle verloren hat. Die beiden wichtigsten Heilungsgeschichten bei Johannes geschehen am Teich von Betesda und am Teich von Schiloach. Wenn der Mensch von seiner göttlichen Quelle abgeschnitten ist, dann wird er krank. Und Heilung geschieht dadurch, dass der Mensch wieder in Berührung mit seiner inneren Quelle kommt.

Dabei muss Jesus den Kranken nicht in die Quelle, in den Teich von Betesda tragen. Vielmehr bringt er ihn allein durch sein Wort und durch seine Begegnung wieder in Berührung mit der inneren Quelle, von der er aber abgeschnitten war und die in ihm sprudelt. Auch diese Sichtweise wird durch heutige Psychologie bestätigt. C. G. Jung ist überzeugt, dass die eigentliche Heilung erst dann vollzogen ist, wenn der Mensch wieder in Berührung kommt mit dem Numinosen – mit dem göttlichen Bereich in sich –, wenn er das Gottesbild in seinem Inneren entdeckt und aus der Quelle des göttlichen Geistes schöpft.

Jeder hat in sich eine Quelle von Selbstheilungskräften. Aber es braucht oft einen Anstoß von außen, damit er mit dieser Quelle in Berührung kommt. Die Seele weiß in ihrer Tiefe oft, was für sie heilsam ist. Aber sie braucht oft die Bestärkung von außen, um ihrem eigenen Wissen zu trauen.

Die verschiedenen Sichtweisen von Krankheit und Heilung in den vier Evangelien zeigen, dass wir Jesu therapeutisches Handeln nie auf eine einzige Methode festlegen dürfen. Es sind verschiedene Deutungen möglich. Die Deutung, die ich in diesem Buch versuche, ist daher auch nur eine Deutung unter vielen. Sie ist natürlich auch subjektiv. Ich versuche, die Heilungsgeschichten auf dem Hintergrund meiner Erfahrung in der geistlichen Begleitung auszulegen.

Jesus geht auf andere zu und lässt sich auf ihre Situation ein

In einigen Heilungsgeschichten geht Jesus auf die Kranken zu. Die Kranken sind da, aber sie sprechen Jesus nicht aktiv an. Vielmehr nimmt Jesus sie wahr und beginnt von sich aus eine Therapie.

Die Heilung der Schwiegermutter des Petrus – Jesus ergreift die Initiative

MARKUS 1,29–31 UND LUKAS 4,38–39

Die erste Heilungsgeschichte, in der Jesus auf einen Kranken zugeht, ist die Heilung der Schwiegermutter des Petrus. Jesus geht mit seinen Jüngern in das Haus des Simon. Dort liegt seine Schwiegermutter mit Fieber im Bett. Die Jünger sprechen über die Krankheit der Frau. Der Evangelist Markus schreibt aber nicht, dass die Jünger Jesus um die Heilung bitten. Jesus hört sich ihr Gespräch an. »Und er ging zu ihr, fasste sie an der Hand und richtete sie auf. Da wich das Fieber von ihr, und sie sorgte für sie.« (Markus 1,31)

Jesus ergreift hier die Initiative. Er geht auf die Kranke zu und fasst sie an der Hand. Er nimmt Verbindung, nimmt Beziehung zu ihr auf. Indem er sie an der Hand fasst, gibt er ihr Anteil an seiner Kraft. Und so vermag sie sich mit seiner Kraft erfüllt aufzurichten. Das Fieber weicht von ihr.

Lukas deutet diese Geschichte in seinem Evangelium etwas anders. Bei Lukas bitten die Jünger Jesus, er möge der kranken Frau helfen. »Er trat zu ihr hin, beugte sich über sie und befahl dem Fieber zu weichen. Da wich es von ihr, und sie stand sofort auf und sorgte für sie.« (Lukas 4,39) Jesus beugt sich mit einer zärtlichen Gebärde über die Frau und wendet sich ihr liebevoll zu. Jesus verbindet seine zärtliche Geste mit einem Wort, das dem Fieber gilt. Er spricht das Fieber direkt an und befiehlt ihm, dass es die Frau verlassen solle. Das Fieber gehorcht ihm. Die Frau wird sofort gesund. Die kranke Frau kann nicht auf Jesus zugehen. Sie liegt im Bett. Da kommt er zu ihr, entweder – wie Lukas das versteht – auf Bitten der Jünger oder aber – wie bei Markus –, weil er von ihr gehört hat und weil ihn ihre Krankheit nicht unberührt lässt.

Die Heilung des Mannes mit der verdorrten Hand – Therapie für Angepasste

MARKUS 3,1–6

Der Evangelist Markus erzählt uns von einem Mann mit einer verdorrten Hand. Dieser sitzt in der Synagoge, in die Jesus hineingeht, um am Gottesdienst teilzunehmen. Der kranke Mann ist einfach da. Er macht von sich aus keine Anstalten, auf Jesus zuzugehen und von ihm Heilung zu erbitten.

Jesus nimmt ihn wahr. Er wird aktiv und spricht den Mann an: »Steh auf und stell dich in die Mitte!« (Markus 3,3) Das ist schon der erste Schritt zur Heilung. Der Mann mit der verdorrten Hand steht für Menschen, die sich anpassen, um nicht aufzufallen und sich ihre Finger nicht zu verbrennen. Um geheilt zu werden, muss er sich stellen, muss er zum Mittelpunkt werden, auf den alle schauen. Er kann sich nicht länger vor den Blicken der anderen verstecken. Das, was er immer vermeidet, das traut ihm Jesus zu: sich in die Mitte zu stellen, beobachtet und beurteilt zu werden.

Und dann übernimmt Jesus für ihn die Auseinandersetzung mit den Menschen, denen er immer ausgewichen ist. Er spricht die Pharisäer an: »Was ist am Sabbat erlaubt: Gutes zu tun oder

Böses, ein Leben zu retten oder zu vernichten?« (Markus 3,4) Er deutet deren gesetzestreue Haltung als Weg, dem Bösen Raum zu geben und Leben zu vernichten. Wer das Gesetz über alles stellt, tut letztlich Böses, und er zerstört das Leben von Menschen. So schaut Jesus, der hier in der Synagoge alleine steht, die Pharisäer einzeln an, »voll Zorn und Trauer über ihr verstocktes Herz« (Markus 3,5).

Er will den Pharisäern damit sagen: Ihr dürft so sein mit eurer Herzenshärte und eurem verstockten Herzen. Ich mache euch keinen Vorwurf. Aber ich tue das, was ich für richtig halte. Ich lasse mich von euch nicht abhalten, meinem inneren Gespür zu folgen. Und diese Haltung demonstriert Jesus gegenüber dem Kranken. Er spricht ihn an. »Streck deine Hand aus! Er streckte sie aus, und seine Hand war wieder gesund.« (Markus 3,5)

Jesus tut stellvertretend für den Kranken das, was einem freien Menschen zukommt: Er handelt souverän, im Einklang mit seiner inneren Stimme, im Einklang mit Gott, ohne sich von der Meinung der anderen in eine bestimmte Richtung drängen zu lassen. Das versteht der Mann. Er ist ermutigt, nun seine Hand auszustrecken, sein Leben selbst in die Hand zu nehmen, auch wenn dies Konflikte bedeuten kann. Er wird zum Handelnden und begnügt sich nicht mehr damit, dass mit ihm gehandelt und über ihn verhandelt wird.

Diese Geschichte ist eine Einladung an geistliche Begleiter und Therapeuten, wie Jesus die Klienten dazu zu animieren, ihr Leben selbst in die Hand zu nehmen und zu gestalten. Sie ist aber auch eine Herausforderung für uns. Sie lädt uns ein, uns dem Leben zu stellen, uns nicht hinter anderen zu verstecken. Und sie gibt uns Mut, uns die Finger zu verbrennen, weil wir uns so auf Konflikte einlassen können, die uns von außen erwarten, denen wir aber nicht ausweichen sollen.

Die Heilung der gekrümmten Frau und des wassersüchtigen Mannes – Wiederherstellung des Menschen zu seiner ursprünglichen Gestalt

LUKAS 13,10–17 UND LUKAS 14,1–5

Ein ähnliches Muster erleben wir in den Heilungsgeschichten im 13. und 14. Kapitel des Lukasevangeliums. Die Kranken sind einfach da.

Die gekrümmte Frau sitzt in der Synagoge, in der Jesus lehrt. Auch hier geht die Initiative von Jesus aus. Und die vier Schritte der Heilung sind genau richtig für diese Frau, die in sich verkrümmt ist, die nicht zu sich stehen kann, die vor lauter Gebeugtsein die Gesichter der anderen nicht sehen kann. Der erste Schritt der Heilung besteht darin, dass Jesus diese Frau, die in sich selbst gefangen ist, ansieht und ihr damit Ansehen verleiht. Der zweite Schritt ist das Ansprechen. Das griechische Wort »prosphonein« meint »auf gleicher Augenhöhe sprechen«. Jesus redet nicht auf sie ein. Er belehrt sie nicht, zeigt ihr nicht, was sie tun soll. Er tritt in einen Dialog mit ihr ein. Er nimmt sie ernst. Der dritte Schritt besteht in der Zusage: »Frau, du bist von deinem Leiden erlöst.« (Lukas 13,12)

Jesus spricht der Frau die Heilung und die Erlösung zu. Er spricht sie auf das an, was auch schon in ihr ist: das Freie und Erlöste, das Starke und Kräftige, das Heile und Ganze. Er bringt sie in Berührung mit ihrer eigenen Kraft und mit ihrer eigenen Würde als Frau. Im vierten Schritt legt ihr Jesus die Hände auf, er möchte seine Kraft zu ihr strömen lassen. Er gibt ihr Anteil an seiner Stärke und an seinem Geist. Man könnte auch sagen: Jesus berührt die Frau, damit sie mit sich selbst und ihrer Kraft und Würde in Berührung kommt.

Diese vier Schritte befähigen die Frau, sich aufzurichten und Gott zu loben. Auch hier handelt Jesus genau auf die Situation der Frau bezogen. Die Schritte seiner Therapie sind Reaktion auf die Krankheit dieser Frau. In seiner Therapie tut Jesus genau das, was diese Frau braucht, um zu sich selbst zu stehen und um sich aus ihrer Verkrümmung aufzurichten. Weil Jesus sie anschaut und anspricht und berührt, kommt sie mit sich und ihrer eigenen Kraft und ihren Möglichkeiten in Berührung. Jesus rückt sie nicht zurecht. Er verzichtet darauf, die Verkrümmung durch irgendwelche Methoden aufzulösen. Er berührt die Frau, damit sie mit sich und ihrer inneren Kraft in Berührung kommt.

So richtet sich die Frau selbst auf. Sie, die zuvor in sich gefangen war, spürt nun ihre innere Fähigkeit, aufrecht zu stehen. Und sie steht zu sich und lobt Gott. Sie hatte in ihrer Verkrümmung auch die Beziehung zu Gott verloren. Jetzt lobt sie Gott. Jetzt tut sie das, was am Sabbat dem Menschen geziemt. Jetzt ist sie die Frau geworden, wie Gott sie in der Schöpfung gestaltet hat: mit Würde ausgestattet, aufrecht und in Beziehung zu sich, zu den Mitmenschen und zu Gott.

Ähnlich ist es mit der Heilung des Wassersüchtigen. In dieser Geschichte steht auf einmal ein Mann vor Jesus, der an Wassersucht leidet. Er steht da, ohne etwas zu tun. Jesus selbst beginnt zu handeln. Er fragt zuerst die Gesetzeslehrer und Pharisäer, ob es am Sabbat erlaubt sei zu heilen. Doch als sie schweigen, tut er das, wonach es ihn drängt: »Da berührte er den Mann, heilte ihn und ließ ihn gehen.« (Lukas 14,4)

Lukas schildert das heilende Handeln Jesu in drei Worten: berühren (an die Hand nehmen), heilen und loslassen (lösen, befreien). Jesus ergreift die Hand des Kranken, er nimmt sich seiner an, um ihm zu helfen. Und dann bringt Lukas das wesentliche Wort für Jesu heilendes Wirken: »iasato« bedeutet »er heilte«, »er half«,

»er machte ganz«. Fünfzehn Mal gebraucht Lukas dieses Wort. Jesus ist für ihn der Arzt, der die Menschen wieder so herstellt, wie sie von Gott her gedacht sind. Er ist der Therapeut, der die Menschen, die aus ihrem Gleichgewicht gefallen sind, zu ihrem Maß zurückführt, der ihnen hilft, indem er das Gegensätzliche, das sie zerreißt, zusammenführt. Das dritte Wort des heilenden Handelns ist »apolyo«. Es bedeutet »befreien«, »lösen«, »entlassen«. Schon bei der Heilung der gekrümmten Frau hat Lukas dieses Wort verwendet. Heilen ist Befreien des Menschen, Lösen aus den Banden der Krankheit und aus den Fesseln der Dämonen. Hier bedeutet es »entlassen«. Jesus entlässt den Kranken. Er darf nun seinen eigenen Weg gehen.

Aber Lukas liebt die Mehrdeutigkeit der Worte. Bei ihm spielt sicher auch die Bedeutung des Lösens und Befreiens mit. Der geheilte Mensch ist immer auch der befreite und von allen Blockaden gelöste und erlöste Mensch. Krankheit ist Gebundensein. Jede Gebundenheit an Lebensmuster, Gewohnheiten, Zwänge, auch jedes Gebundensein an Menschen, löst in uns eine negative Energie aus. Die Heilung bedeutet Befreiung von aller Gebundenheit und so Auflösen der inneren Negativität. Das Freisein von Gebundensein befähigt uns zur Verbundenheit, zu einer guten Beziehung, zur Freundschaft. Die Beziehungsfähigkeit, die Fähigkeit, in guter Weise verbunden zu sein, gehört wesentlich zur Gesundheit. Und für die Griechen, für die Lukas Jesus als Arzt beschreibt, ist gerade die Befähigung zur Freundschaft wesentlich für das Bild vom schönen und guten Menschen.

Jesus heilt die gekrümmte Frau und den wassersüchtigen Mann. In den vier beziehungsweise drei therapeutischen Schritten Jesu, die Lukas beschreibt, können wir auch ein Bild für unseren eigenen Heilungsprozess erkennen. Wir sollen anschauen, was in uns ist, mit dem, was da in unserer Seele auftaucht, ins

Gespräch kommen, mit den eigenen Ressourcen in Berührung kommen, um uns so wie die gekrümmte Frau aufzurichten und uns unserer Würde bewusst zu werden. Wie der wassersüchtige Mann sollten wir in der Begegnung Jesu uns berühren lassen, an das Heile und Ganze in uns und an die eigene Freiheit glauben und diese Freiheit dann auch leben. Dann leben wir die Würde des Mannes und der Frau, aufrecht, frei, als ganze Frau und ganzer Mann, mit allem, was in uns ist.

Die Heilung des Gelähmten – Verwandlung unserer Angst

JOHANNES 5,1–6

In der Heilung des Gelähmten, wie sie uns Johannes erzählt, ist der Kranke einfach da, mitten unter vielen anderen Kranken. Aber Jesus sieht sich ausgerechnet diesen einen Menschen an, der schon seit 38 Jahren krank ist.

Der Mann, der so lange krank ist, erinnert an den Auszug Israels aus Ägypten. Israel war nach zwei Jahren am Ziel seiner Wüstenwanderung. Doch wegen seiner Rebellion gegen Gott mussten die Israeliten noch 38 Jahre durch die Wüste ziehen, bis alle waffenfähigen Männer gestorben waren. Der Kranke, den Jesus anspricht, ist demnach ein Bild für einen Menschen, der keine Waffen mehr hat, der sich nicht mehr abgrenzen kann, der den Einflüssen von außen schutzlos ausgeliefert ist und deshalb aus Angst vor der äußeren Bedrohung gelähmt ist. Ein solcher sieht beispielsweise zwei Menschen, die miteinander reden. Sofort bezieht er es auf sich selbst, und er fragt sich, was diese wohl über ihn reden. Wenn einer traurig blickt, sucht er sofort bei sich selbst die Schuld, und er fragt sich, was er wohl falsch gemacht haben könnte. Weil er sich nicht abgrenzen kann, wird er von allen negativen Stimmungen seiner Umgebung bestimmt.

Jesus tut wieder genau das, was dieser Mensch braucht. Er sieht ihn an, er »vereinzelt« ihn. Er möchte diesem einen Menschen begegnen. Er holt ihn heraus aus der Menge der Kranken. Er erkennt, worum es in seiner Krankheit geht. Hier steht das griechische Wort von der »gnosis«. Jesus hat eine tiefere Schau dieses Menschen. Er durchschaut ihn. Er erkennt ihn bis auf den Grund. Diese tiefere Erkenntnis – Gnosis – bewegt Jesus, den Kranken zu fragen: »Willst du gesund werden?« Er erkennt, dass der Kranke sich willenlos treiben lässt. So fordert er ihn heraus, mit seinem eigenen Willen in Berührung zu kommen.

Viele finden diese Frage sonderbar. Sie meinen, jeder Mensch würde doch gesund werden wollen. Doch die Psychologie spricht vom »sekundären Lustgewinn«: Man hat auch Vorteile von seiner Krankheit. Man braucht dann nicht die Verantwortung für sein Leben zu übernehmen. Ich habe eine Frau ein ganzes Jahr lang begleitet. Aber es hat sich nichts getan. Ich spürte, dass die Frau gar nicht gesund werden wollte. Sie wollte immer wieder Gespräche mit mir haben. Das war der sekundäre Lustgewinn ihrer Krankheit. Wenn sie ihre Probleme gelöst hätte, hätte sie keinen Grund mehr gehabt, mit mir einen neuen Termin auszumachen.

Auf Jesu herausfordernde Frage antwortet der Kranke sehr ausweichend. Er berichtet, warum es ihm so schlecht geht. Die anderen Kranken seien schuld. Denn die seien schneller als er. Und keiner kümmere sich wirklich um ihn. Keiner trage ihn in den Teich, wenn das Wasser in Wallung gerät. Auf diese Worte antwortet Jesus gar nicht verständnisvoll und voller Mitleid, sondern sehr herausfordernd.

Ein Therapeut meinte, ihn fasziniere in dieser Geschichte die konfrontierende und desillusionierende Therapiemethode Jesu. Jesus konfrontiert den Kranken mit seiner eigenen Kraft. Er lässt das Jammern nicht zu. Er befiehlt ihm einfach aufzustehen. Und er nimmt ihm die Illusion, als ob alle anderen an seiner Krankheit schuld seien. Er lässt diese Ausrede nicht gelten. So fährt er ihn an mit dem strengen Wort: »Steh auf, nimm deine Bahre und geh!« (Johannes 5,8) Er soll nicht warten, bis die anderen ihn tragen. Er soll selbst aufstehen – mitten aus seiner Schwäche, aus seiner Lähmung heraus.

Er soll sich nicht länger von der Bahre fesseln lassen. Die Bahre als Zeichen seiner Krankheit soll er unter den Arm nehmen, gleichsam anders umgehen mit seinen Blockaden. Er soll mit seinen Schwächen und Lähmungen und Unsicherheiten aufstehen. Er soll sich mit seinen Blockaden aussöhnen. Er soll sie unter den Arm nehmen. Dann werden sie ihn nicht am Leben hindern. Dann wird er fähig sein, seinen eigenen Weg zu gehen.

Auch hier spüren wir, dass Jesus genau die Therapiemethode anwendet, die für diesen Menschen stimmt. Er lässt sich nicht auf sein Jammern ein, sondern fordert ihn heraus, selbst Verantwortung für sich zu übernehmen.

Für mich ist das Wort Jesu zu einem Schlüsselwort geworden. Immer dann wenn ich mich gelähmt fühle, wenn ich Angst habe, ich könnte mich vor anderen blamieren oder ihnen meine Begrenztheit und Unsicherheit zeigen, rufe ich es mir in Erinnerung. Einfach aufzustehen, mitten aus der Unsicherheit heraus, das ist ein heilsamer Weg, mit seinen Ängsten umzugehen, sie nicht zu verdrängen, aber sich auch von ihnen nicht lähmen zu lassen. Ich muss nicht warten, bis meine Angst geheilt ist. Mitten aus der Angst soll ich aufstehen und meinen Weg gehen.

In diesem Wort zeigt sich auch das Ziel der geistlichen Begleitung. Viele wollen von unangenehmen Symptomen wie Hemmung, Zittern, Rotwerden oder Unsicherheit befreit werden. Doch das Ziel ist nicht, dass alle Symptome der Krankheit verschwinden, sondern dass ich anders mit meiner Angst, meiner Unsicherheit oder meinen Hemmungen umgehe. Ich soll mich nicht mehr von meinen Hemmungen fesseln lassen, sondern sie gleichsam unter den Arm nehmen und mit ihnen unter die Menschen gehen.

Kranke kommen auf Jesus zu

Die Heilung des Aussätzigen – Die Kunst, sich selbst anzunehmen

MARKUS 1,40–45

»Ein Aussätziger kam zu Jesus und bat ihm um Hilfe; er fiel vor ihm auf die Knie und sagte: Wenn du willst, kannst du machen, dass ich rein werde.« (Markus 1,40) Hier kommt der Kranke von sich aus auf Jesus zu. Er fühlt sich ausgesetzt, aussätzig. Er kann sich selbst nicht ausstehen. Da er sich selbst nicht annehmen kann, fühlt er sich von allen anderen abgelehnt und ausgestoßen. Sein Leidensdruck ist so groß, dass er aus diesem Teufelskreis der Selbstablehnung und Fremdablehnung ausbrechen will. In vier Schritten wagt er die Begegnung mit Jesus. Er geht auf ihn zu. Er bittet um Hilfe. Er fällt vor ihm auf die Knie und bekennt damit seine eigene Ohnmacht. Und er spricht Jesus an. Allerdings erscheint in dieser Ansprache schon eine Falle. Er schiebt Jesus die ganze Arbeit und Verantwortung zu. Jesus soll ihn rein machen. Jesus soll die ganze Arbeit der Heilung leisten, ohne dass er selbst etwas dazu beiträgt. Jesus lässt sich darauf nicht ein. Er heilt den Kranken, aber anders, als er sich vorgestellt hat. Seine Therapie geschieht – wie bei Jesus öfter – in vier Schritten. Vier steht für das Irdische. Der Mensch wird in seiner Menschlichkeit wiederhergestellt, so wie Gott ihn geschaffen hat.

Der erste Schritte der Heilung: Jesus hat Mitleid mit dem Aussätzigen. Er öffnet sich innerlich für den Kranken. Der zweite Schritt: Jesus streckt die Hand aus, er nimmt Beziehung auf. Oft sind die Menschen, die in die geistliche Begleitung kommen, beziehungslos. Sie haben keine Beziehung zu sich selbst. Sie sprechen über ihre Probleme, als ob sie über etwas Fremdes reden. Dann ist es unsere Aufgabe, Beziehung aufzunehmen. Heilung geschieht immer in der Beziehung. Solange der Klient beziehungslos bleibt, geht unsere Begleitung ins Leere. Der dritte Schritt: Jesus berührt den Kranken. Er durchbricht den Panzer, den der Aussätzige um sich aufgebaut hat. Jesus hat keine Angst vor der körperlichen Berührung. Er kommt dem Kranken ganz nahe, spürt ihn und zeigt ihm durch seine Berührung seine bedingungslose Zuwendung.

Es ist nicht angenehm für einen Begleiter, mit dem ganzen inneren Unrat an innerem Chaos und Bitterkeit in Berührung zu kommen, den ihm der Kranke in den Gesprächen ausbreitet. Manche Therapeuten versuchen, sich gegen die negative Ausstrahlung des Kranken zu schützen. Sie halten ihn auf Distanz. Jesus hat keine Angst vor der Berührung. Er ruht in sich, er ruht in Gott. So kann ihm das Bittere und Giftige im Kranken nicht schaden. Wir können als Begleiter von Jesus lernen, uns emotional für den Klienten zu öffnen. Aber wie Jesus sollten wir so in Verbindung mit dem Vater sein, dass uns die Probleme des anderen nicht überschwemmen. Wenn wir mit dem inneren Raum der Stille in Berührung sind, dann haben wir keine Angst mehr, dass uns die Bitterkeit und die chaotischen Gefühle des Klienten verunreinigen könnten.

Der vierte Schritt: Jesus sagt zu dem Kranken: »Ich will es – werde rein!« (Markus 1,41) Jesus zeigt dem Kranken seine Zuwendung. Er nimmt ihn bedingungslos an. Aber er lässt sich nicht alle Verantwortung für die Heilung zuschieben. Er lässt sich nicht in die Rolle des Zauberers drängen, der die Unreinheit wegzaubert. Manche Klienten kommen in die Beratung mit dem Anspruch: »Streng du dich mal an. Du bist der Arzt, der Therapeut, der Begleiter. Mach du mich gesund. Ich möchte sehen, wie du das schaffst.« Manche Menschen gehen von Therapeut zu Therapeut, von einem geistlichen Begleiter zum anderen. Wenn die Heilung nicht gelingt, ist immer der Begleiter schuld. Sie selbst bleiben in der Beobachterrolle. Sie möchten geheilt werden, ohne dass sie selbst bereit sind, sich zu wandeln. Sie haben das Bild, dass ihre »Maschine« durch den Therapeuten oder Arzt repariert werden sollte. Aber sie brauchen sich ihrem Problem nicht zu stellen.

Jesus gerät nicht in die Falle, sich von den Erwartungen des Patienten bestimmen zu lassen. Er begegnet ihm in aller Freiheit. Er tut das, was er tun kann. Er steht zu dem Kranken und nimmt ihn an. Aber er fordert nun auch seine Verantwortung heraus: »Sei du rein!« heißt letztlich: Ich nehme dich an. Jetzt ist es auch deine Aufgabe, »Ja« zu dir zu sagen und dich selbst anzunehmen. Wer sich schwertut, sich selbst anzunehmen, braucht andere Menschen, um Angenommensein zu erfahren. Er muss aus dem Teufelskreis der Selbstablehnung und der Ablehnung durch die anderen ausbrechen, indem er auf andere zugeht. Aber in der Begegnung hat er selbst auch etwas zu leisten. Es bedarf seiner Entscheidung: Ich nehme mich an. Ich stehe zu mir. Ich entscheide mich heute für den Menschen, der ich bin. Dann werde ich rein, dann komme ich mit mir in Einklang. Dann werden die Illusionen abfallen, die ich von mir gemacht habe. Und ich werde mich in meiner Durchschnittlichkeit und Begrenztheit annehmen. Ich darf mich nicht völlig vom Angenommenwerden durch andere abhängig machen. Wenn ich zu mir stehe, dann falle ich nicht um, wenn andere nicht zu mir stehen.

Die zehn Aussätzigen – Die Heilung durch das Einlassen auf das Alltägliche

LUKAS 17,11–19

Lukas erzählt uns die Heilung von zehn Aussätzigen. Er hat zwar auch die Heilung des Aussätzigen von Markus übernommen. Aber darüber hinaus schildert er uns die Heilung von zehn Aussätzigen. In dieser Geschichte setzt er andere Akzente. Auch hier gehen die zehn Aussätzigen auf Jesus zu. Aber sie bleiben in der Ferne stehen, wie es damals das Gesetz befahl. Sie durften sich den Gesunden nicht nahen, sondern mussten in einem Sicherheitsabstand rufen: »Unrein, unrein!« Hier rufen sie nicht »unrein«, sondern: »Meister, hab Erbarmen mit uns!« (Lukas 17,13)

Die Anrede »Meister« zeigt, dass die Aussätzigen schon von Jesus gehört haben und ihn schätzen. Sie sagen nicht, dass Jesus sie heilen soll, sondern bitten um sein Erbarmen. Doch das griechische Wort »eleeson« meint immer auch ein barmherziges Handeln. Sie bitten Jesus, er möge Mitleid mit ihnen haben und gut an ihnen handeln.

Die Therapiemethode, die Jesus hier anwendet, erscheint uns sonderbar. Er sieht sie an und sagt zu ihnen: »Geht, zeigt euch den Priestern!« (Lukas 17,14) Es ist offensichtlich nicht nur ein äußerer Blick, den Jesus den Kranken zuwendet, sondern ein Anschauen, das sie annimmt und ihnen Ansehen vermittelt. Und dann sagt Jesus, sie sollten zu den Priestern gehen. In diesem nüchternen Wort hören die aber offensichtlich die Hoffnung mit, dass die Priester sie wieder für rein erklären könnten und dass sie somit wieder in die menschliche und kultische Gemeinschaft aufgenommen werden.

Jesus verspricht ihnen keine Heilung. Er weist ihnen den normalen Weg. Heute würde man sagen: Der Therapeut oder der geistliche Begleiter schickt den Klienten zum Arzt, der ihn untersuchen soll, ob die Krankheit noch vorhanden ist. Oder er sagt ihm, er solle ganz normal weiterleben, im Vertrauen, dass es so in Ordnung ist. Er zeigt ihnen keinen Trick, wie sie gesund werden. Er stellt ihnen keine schwierige Aufgabe. Er verweist sie auf den Alltag, den sie leben sollen. Und auf dem Weg zu den Priestern werden alle zehn Aussätzigen rein. Sie erfahren, dass sie in Ordnung sind.

Neun der zehn Aussätzigen nehmen die Heilung offensichtlich als selbstverständlich an. Nur ein Einziger hält inne. Er sieht, dass er geheilt worden ist. Hier bringt der griechische Text das gleiche Wort wie bei Jesus: Jesus sah ihn an. Jetzt sieht er sich mit den Augen Jesu an: mit Augen der Liebe. Und da erkennt er nicht nur, dass er rein geworden ist, sondern geheilt. Er ist von seiner Krankheit befreit, von dem tieferen Grund seiner Selbstablehnung, von seiner Wunde der Beschämung. Jetzt kehrt er um und lobt Gott. Und er fällt vor Jesus auf die Erde und dankt ihm.

Jesus fragt nach den anderen neun Aussätzigen, die rein geworden sind, aber es nicht für nötig finden, Gott die Ehre zu geben. Sie meinen, sie hätten ihr Reinwerden selbst geleistet. Doch das ist das Geheimnis des geistlichen Weges: das Gewöhnliche tun und daran glauben, dass auf dem Weg des Gewöhnlichen Gott das Außergewöhnliche an mir tut, dass er an mir das Wunder des Reinwerdens und Heilwerdens, Ganzwerdens wirkt.

Der eine Aussätzige, der Jesus für das Wunder der Heilung dankt, ist ein Ausländer, ein Samariter, der bei den Juden nichts galt. Dies ist eine Mahnung an uns, dass viele andere, die unsere Frömmigkeit nicht mit uns teilen, manchmal sensibler sind für das, was Gott an ihnen tut.

Und nun sagt Jesus dem Samariter: Dein Glaube hat dich gerettet. Drei Worte sind es, mit denen Lukas das Heilwerden des Aussätzigen beschreibt: Er wird rein. Er wird fähig, sich selbst anzunehmen, sich mit den Augen Jesu zu sehen. Und er wird geheilt.

Das griechische Wort für Heilen »iaomai« heißt auch »helfen«, »ganz machen«. Jesus macht den Aussätzigen, der zwischen seiner Wirklichkeit und seinen Vorstellungen von sich hin und her gerissen ist, ganz und heil. Er bringt Bild und Wirklichkeit zusammen. Und Jesus kommt ihm zu Hilfe, da er sich selbst nicht zu heilen vermag. Er heilt die tiefere Wunde, die hinter seiner Unfähigkeit steckt, sich selbst anzunehmen.

Jesus rettet ihn. Das griechische Wort »sozein« bedeutet auch »bewahren«, »behüten«. »Sozein« meint: aus einem Raum des Bedrohtseins und der Gefährdung entreißen und in einen Raum des Behütetseins und des Schutzes führen. Jesus befreit den Aussätzigen aus der Gefahr der Selbstisolierung, und er bietet ihm einen Raum des Heilseins und des Behütetseins an. Und Jesus nennt diesen Raum Glauben: Dein Glaube hat dich gerettet. Dein Glaube ist für dich ein Raum des Vertrauens, in dem du dich angenommen weißt.

Wenn wir diese Heilungsgeschichte auf die Therapiemethode Jesu hin befragen, können wir sagen: Jesus schickt die Aussätzigen auf den Weg, der vom Gesetz und von der Religion vorgeschrieben war. Der geistliche Begleiter gibt seinem Klienten nicht außergewöhnliche Ratschläge, sondern ermutigt ihn, seinen Alltag so zu leben, wie es von der Religion, von seiner Glaubenstradition her üblich ist. Er soll sein Morgen- und Abendgebet beten, seine Rituale vollziehen, nichts Besonderes tun. Aber auf diesem einfachen Weg geschieht die Verwandlung.

Und wenn die Verwandlung geschieht, dann kommt es darauf an, Gott dafür zu danken und nicht in der Alltäglichkeit zu versinken. Die Heilungsgeschichte interpretiert das vorausgehende Gleichnis, in dem Jesus ausdrücken wollte, dass Spiritualität nicht darin besteht, etwas Besonderes zu tun, sondern nur das zu tun, was wir schuldig sind – dem Augenblick und uns selbst, Gott und dem Nächsten gegenüber. (Lukas 17,7–10)

Spiritualität heißt tun, was »dran ist«, das Gewöhnliche tun. Damit greift Jesus eine Weisheit des Taoismus auf, der sagt: Tao ist das Gewöhnliche. Auf dem gewöhnlichen Weg – so sagt uns die Heilungsgeschichte – werden wir gesund und rein, kommen wir in Ordnung, wird alles gut. Aber wir sollten das Gewöhnliche dankbar tun. Nur in der Dankbarkeit nehmen wir das Wunder der Verwandlung und der Heilung wahr. Ohne Dankbarkeit fallen wir in die alten Muster zurück, in die Muster der Unzufriedenheit mit uns selbst und der Unreinheit, des Gefühls, nicht in Ordnung zu sein. Das Gewöhnliche tun und dankbar die innere Wandlung wahrzunehmen, das ist im Sinne Jesu auch für uns ein Weg der Heilung.

Der Besessene von Gerasa – Die Heilung der inneren Zerrissenheit

MARKUS 5,1–20

Auch der Besessene von Gerasa läuft auf Jesus zu. Dabei entspricht sein Zulaufen seiner inneren Zerrissenheit. Er wirft sich vor Jesus nieder und schreit laut: »Was habe ich mit dir zu tun, Jesus, Sohn des höchsten Gottes? Ich beschwöre dich bei Gott, quäle mich nicht!« (Markus 5,6) Eine Eigenschaft der Dämonen ist es, den Menschen hin und her zu zerren, ihn innerlich in einen Zwiespalt zu bringen. So lebt dieser Besessene in den Grabhöhlen. Er zieht sich vor den Menschen zurück. Aber er schreit ununterbrochen. Er möchte zugleich in Kontakt mit den Menschen kommen. Man versucht, ihn zu fesseln. Aber er hat solche Kraft, dass er die Fesseln sprengt. Er möchte frei sein. Auf der anderen Seite schlägt er sich mit Steinen. Er richtet also seine Aggression gegen sich selbst. In diesem inneren Zwiespalt kommt er zu Jesus. Er möchte geheilt werden und möchte es doch auch wieder nicht. Denn er hat Angst, dass die Heilung für ihn Schmerzen mit sich bringt. Der Aber-Geist hat ihn fest im Griff.

Heute würden wir für so eine Persönlichkeit den Ausdruck »borderline« oder multiple Persönlichkeit benutzen. Der junge Mann weiß nicht, wer er eigentlich ist. Im Hintergrund dieses Identitätsverlustes steht oft die Angst vor dem inneren Chaos oder vor der eigenen Schuldhaftigkeit. Jesus spürt die innere Zerrissenheit des Besessenen und fragt ihn daher: »Wie heißt du? Er antwortete: Mein Name ist Legion; denn wir sind viele.« (Markus 5,9)

Hier wird sein innerer Zwiespalt sichtbar. Er antwortet als Person: Mein Name ist Legion. Aber dann spricht er in der Mehrzahl: »Wir sind viele.« In ihm sind viele Persönlichkeiten nebeneinander. Oder in der Sprache der Bibel: Wir sind viele Dämonen, die in diesem Menschen hausen.

Indem Jesus den Mann nach seinem Namen, nach seiner Identität fragt, bringt er ihn in Berührung mit seinem Selbst. Und so kann er frei werden von den Dämonen, die ihn innerlich entzweien. Er findet zu seiner Identität. So wird der innere Zwiespalt geheilt.

Die Dämonen bitten Jesus, er möge sie nicht aus dieser Gegend verbannen, er möge sie in die Schweine hineinfahren lassen. »Jesus erlaubte es ihnen. Darauf verließen die unreinen Geister den Menschen und fuhren in die Schweine, und die Herde stürzte sich den Abhang hinab in den See.« (Markus 5,13)

Diese Maßnahme Jesu bleibt vielen Exegeten unverständlich und fremd. In unsere heutige Therapeutensprache übersetzt, könnten wir sagen: Jesus lässt den Klienten seine Dämonen ausagieren und ausdrücken. So ein Ausdruck kann ein Rollenspiel sein. Der Klient spielt die verschiedensten inneren Anteile seiner Person aus. Oder aber er versucht, diese inneren Aspekte im Malen auszudrücken.

Die Dämonen sind Kräfte, die nicht einfach rational aufgelöst werden können. Sie brauchen einen Ausdruck. Sie müssen in etwas hineinfahren, damit sie verschwinden. Hier in der Heilungsgeschichte sind es die Schweine. Sie galten für die Juden als unrein. Vielleicht ist es ein Bild für die sexuellen Phantasien, die im Klienten sind. Bisher hat er sie unterdrückt, so dass sie ihn innerlich gefesselt und hin und her gezerrt haben. Jetzt braucht es den Mut, sie einmal auszusprechen, in allen Einzelheiten vor dem Therapeuten zu erzählen, der sie aushält, ohne sie zu bewerten. Oder es braucht das Ausagieren dieser sexuellen Phantasien im Malen. Dann kann er sie anschauen und – wenn er Lust hat – sie verbrennen. All das, was den Menschen besetzt hält, muss nach außen, damit es sich auflösen kann. Kein frommes Pflaster darf auf diesen inneren Unrat geklebt werden. Sonst wirkt der Unrat weiter in der Seele und zerfrisst sie, spaltet sie in verschiedene Persönlichkeiten: die fromme und angepasste und die wilde und unbeherrschte, die zerstörerische, sadistische, masochistische, sexualisierte Persönlichkeit.

Die Heilung des Besessenen geschieht, indem die Dämonen in die Schweine fahren. Seinen Zustand als Geheilter beschreibt Markus so: »Er saß ordentlich gekleidet da und war wieder bei Verstand.« (Markus 5,15) Das Gewand zeigt, dass er wieder ganz geworden ist. Und er konnte wieder richtig denken. Er war ganz bei sich und nicht mehr hin und her gezerrt.

Der Geheilte bittet Jesus, bei ihm bleiben zu dürfen. »Aber Jesus erlaubte es ihm nicht, sondern sagte: Geh nach Hause, und berichte deiner Familie alles, was der Herr für dich getan und wie er Erbarmen mit dir gehabt hat.« (Markus 5,19) Dem Geheilten hat Jesus gutgetan. Jesus hatte keine Angst vor seiner Zerrissenheit. So ist der Wunsch verständlich, dass der Mann bei Jesus bleiben möchte.

Doch Jesus schickt ihn zu seiner Familie zurück. Die ständige Nähe würde ihn an Jesus binden und ihn abhängig machen. Zur

Heilung gehört, dass er selbst sein Leben in die Hand nimmt und von seiner Verwandlung und Heilung erzählt. Für den Kranken geschieht die Heilung, indem er auf Jesus zugeht, aber nach der Heilung auch wieder von ihm weggeht. Eine Begleitung hat einen Anfang, aber auch ein Ende. Das ist immer schmerzlich, weil in der Begleitung Nähe gewachsen ist. Aber es ist heilsam, vom Begleiter wegzugehen und sein eigenes Leben zu leben.

In unserer Suche nach unserer wahren Identität begegnen wir den vielen verschiedenen Anteilen, ja oft Persönlichkeiten in uns. All diese Seelenanteile wollen angeschaut, benannt und gewürdigt werden. Nur dann können sie sich wandeln. Nur dann finden wir bei aller inneren Zerrissenheit doch zu unserer Einheit. Die Begegnung mit einem anderen, der keine Angst vor dem eigenen Abgrund und dem Chaos unserer Seele hat, hilft uns, uns selbst zu begegnen. Aber den letzten Schritt müssen wir selbst tun. Diesen kann uns kein Therapeut und keine geistliche Begleiterin abnehmen.

»Was willst du, dass ich dir tun soll?« – Selbst Verantwortung übernehmen

MARKUS 10,46–52

Eine andere Weise, auf Jesus zuzugehen, praktiziert der blinde Bettler Bartimäus. Er hört davon, dass Jesus mit einer großen Menschenmenge Jericho verlässt. Da schreit er laut: »Sohn Davids, Jesus, hab Erbarmen mit mir!« (Markus 10,47)

Als Blinder kann er sich Jesus gegenüber nicht anders bemerkbar machen als durch lautes Rufen. Viele Menschen in der Nähe Jesu werden ärgerlich und befehlen ihm, er solle den Mund halten. Doch er schreit umso lauter. Da bleibt Jesus stehen und sagt: »Ruft ihn her! Sie riefen den Blinden und sagten zu ihm: Hab nur

Mut, steh auf, er ruft dich. Da warf er seinen Mantel weg, sprang auf und lief auf Jesus zu.« (Markus 10,49–50)

Bartimäus hat durch sein lautes Rufen zum Ausdruck gebracht, dass er von Jesus geheilt werden möchte. Jesus lässt sich darauf ein und lädt ihn ein, zu ihm zu kommen. Auf diese Einladung reagiert der Blinde mit drei Schritten: Er wirft seinen Mantel weg. Man könnte sagen: Er lässt den schützenden Mantel los, er lässt seine Maske fallen, hinter der er sich versteckt hat. Er möchte zu Jesus kommen, so wie er ist: in seiner Bedürftigkeit und Hilflosigkeit. Er springt auf. Er ist von der Einladung Jesu gleichsam elektrisiert. Er legt seine ganze Kraft in die Begegnung hinein. Und er läuft auf Jesus zu. Er drückt damit seine Begeisterung aus, diesem Jesus zu begegnen und von ihm Hilfe zu erfahren. Jesus fragt ihn: »Was willst du, dass ich dir tun soll?« (Markus 10,51)

Jesus nimmt Bartimäus nicht einfach seine Blindheit ab. Er möchte diesem Menschen zuerst begegnen. Mit seiner Frage lockt er ihn heraus, von sich zu erzählen. Er spricht seinen Willen an: Was willst du wirklich? Diese Frage bringt den Blinden in Berührung mit sich selbst und mit seiner tiefsten Sehnsucht. Jesus nimmt hier gleichsam eine Therapiemethode vorweg, die heute üblich ist: Der Therapeut fragt den Klienten: »Was wollen Sie von mir? Warum kommen Sie? Was möchten Sie erreichen? Und welchen Wunsch haben Sie an mich?« Solche Fragen zentrieren den Klienten. Er übernimmt selbst ein Stück Verantwortung für die Therapie. Zugleich wird die therapeutische Beziehung geklärt. Man spricht nicht einfach drauflos. Man gibt dem Gespräch eine Richtung und Klarheit. Und der Auftrag an den Therapeuten oder geistlichen Begleiter wird klar definiert.

Der Blinde antwortet auf die Frage Jesu: »Ich möchte wieder sehen können.« (Markus 10,51) Im Griechischen steht hier das Wort »anablepo«. Der Blinde möchte, dass Jesus an ihm bewirkt, dass er wieder aufblicken kann. Aufblicken meint nicht nur das äußere Sehen, sondern das Aufschauen zum Himmel und zu Gott. Es ist ein Sehen gemeint, das den Blick nach oben richtet und das in den Menschen Gott selbst sieht. Es ist ein hoffnungsvolles Schauen. Manchmal verschließen die Menschen ihre Augen vor ihrer eigenen Wahrheit, weil sie Angst haben, ihre Wahrheit wäre zu erdrückend, zu schwer, um sie annehmen zu können. Das Aufblicken zeigt, dass ich meine Wahrheit nur anschauen kann, wenn ich sie unter einem größeren Horizont wahrnehme. Ich muss mit meiner Wahrheit zugleich den Himmel erkennen, der sich über mir und meiner dunklen Wahrheit öffnet – und so meine Wahrheit in einem neuen Licht erscheinen lässt.

Die Heilung Jesu geschieht in dem einfachen Wort: »Geh! Dein Glaube hat dir geholfen.« (Markus 10,52) Im Griechischen steht hier »sesoken«. Das bedeutet »hat dich geheilt«, »hat dich gerettet« und »hat dich in einen schützenden Raum gestellt«. Jesus handelt nicht am Kranken. Er schickt ihn auf seinen Weg. Nicht Jesus hat ihn geheilt, sondern sein eigener Glaube.

Jesus verweist ihn auf das eigene Vertrauen. Wenn der Kranke der Therapeutin oder dem geistlichen Begleiter vertraut, kann Heilung geschehen. Nicht der Arzt heilt, sondern das Vertrauen bringt uns mit den heilenden Kräften in unserer eigenen Seele in Berührung. So sind wir immer selbst mit beteiligt an unserer Heilung. Wir brauchen das Gespräch und die Begegnung mit anderen Menschen. Aber dann sollen wir dem trauen, was in uns ist. Unsere Seele weiß letztlich, was uns guttut. Wenn wir mit unserer Seele und mit den heilenden Kräften in ihr in Berührung sind, dann wagen wir es, aufzuschauen. Dann können wir wieder sehen.

Kranke werden zu Jesus gebracht

Im Recollectio-Haus in Münsterschwarzach machen wir oft die Erfahrung, dass manche Priester und Ordensleute nicht aus freiem Willen kommen, sondern von ihren Oberen oder Vorgesetzten geschickt werden. Von alleine hätten sie nicht den Mut gefunden, sich drei Monate Zeit zu nehmen, um sich ihren Problemen zu stellen und wieder gesund zu werden. Manchmal sehen es die, die geschickt werden, auch gar nicht ein, dass sie Hilfe brauchen. Mit ihnen kann man dann nicht gut arbeiten. Oft genug ärgern sie sich, dass sie geschickt wurden. Aber sie nehmen die Zeit in Münsterschwarzach dann doch als Chance an, die ihnen gewährt ist, um etwas für sich zu tun. Solche Situationen, in denen Kranke von anderen zu Jesus gebracht werden, erzählt uns auch die Bibel:

Die Heilung des Gelähmten - Die Verwandlung der Angst durch eine gewandelte Lebenseinstellung

MARKUS 2,1–13 UND LUKAS 5,17–26

Eine sehr spektakuläre Weise, wie Leute einen Kranken zu Jesus bringen, ist die Geschichte von der Heilung des Gelähmten:

Vier Leute – so berichtet uns Markus – bringen einen Gelähmten auf einer Tragbahre zu Jesus. Doch weil sie durch die Menschenmenge nicht durchdringen, steigen sie auf das Dach und schlagen ein Loch durch das Dach, um den Gelähmten zu Jesus hinabzulassen. Sie unternehmen eine große Anstrengung und muten dem Hausbesitzer zu, dass er das Loch in seinem Hausdach wieder reparieren muss.

Der Evangelist Lukas verlagert diese Szene in ein hellenistisches Haus. Dort gibt es Ziegeldächer. So können die Leute einfach Ziegel abdecken und den Gelähmten nach unten lassen. Bei Markus und bei Lukas heißt es, dass Jesus den Glauben der vier Männer sah und zum Anlass nahm, dem Gelähmten die Sünden zu vergeben. Der Gelähmte erscheint passiv. Was er erhofft hat, wird nicht gesagt. Jesus reagiert auf den Glauben der Menschen, die den Kranken zu ihm bringen. Sie vertrauten darauf, dass Jesus den Gelähmten heilt. Mit der Vergebung seiner Sünden hatten sie nicht gerechnet. Aber offensichtlich spürt Jesus, dass es hier nicht einfach um eine Wiederherstellung des Kranken geht.

Lähmung hat oft mit Angst zu tun. Und Angst weist auf falsche Grundannahmen hin. Der Kranke muss seine Grundannahmen ändern. Er muss seine Einstellung zum Leben ändern. »Harmartia«, das griechische Wort für »Sünde«, meint »das Ziel verfehlen«, »an sich vorbeileben«. Manche Menschen sind gelähmt, weil sie nur dann bereit sind, aufzustehen und ihren Weg zu gehen, wenn sie sicher, fehlerfrei, perfekt sind. Doch mit dieser Einstellung zu sich und zu ihrem Leben leben sie an ihrer Wirklichkeit als Menschen vorbei.

Der Mensch ist immer brüchig und immer unvollkommen. Damit muss sich der Mensch aussöhnen. Erst wenn der Mensch bereit ist, seine Lebensmuster zu ändern und seine Sichtweise zu revidieren, können auch seine körperlichen Symptome geheilt werden. Daher zielt die Therapie nie sofort auf die Heilung der körperlichen Symptome. Diese sind vielmehr oft Ausdruck für tiefer liegende Fehleinschätzungen der eigenen Person.

Zuerst muss eine richtige Sicht der eigenen Person gewonnen werden. Dann kann man an die Symptome herangehen. Das hat Jesus offensichtlich schon gewusst, bevor die Psychosomatik erforscht worden ist. Deshalb vergibt er zuerst die Schuld. Und dann sagt er das gleiche Wort, das wir schon bei der Heilung des Gelähmten im fünften Kapitel des Johannesevangeliums meditiert haben: »Steh auf, nimm deine Tragbahre, und geh nach Hause!« (Markus 2,11)

Weil der Gelähmte von der Grundannahme befreit worden ist, er müsse immer perfekt und stark sein, ohne Hemmung und ohne Blockaden, ohne Zittern und Schwitzen, kann er nun aufstehen und sein Bett – das Zeichen für seine Lähmungen – unter den Arm nehmen und so seinen Weg in sein Haus gehen. Er geht jetzt dorthin, wo er zu Hause ist, wo er ganz er selbst sein kann, ohne den Druck, anderen etwas beweisen zu müssen. Denn dieser Druck, sich vor anderen gut darstellen zu müssen, war letztlich der Grund seiner Lähmung. Wenn er bei sich zu Hause ist, legt sich dieser Druck.

Wie der Gelähmte verlassen wir uns in unserer Angst oft auf einen anderen, der sie uns wegtherapieren soll. Doch Jesus verweist uns auf uns selbst. Wir sollen mit der Angst ein Gespräch beginnen und sie fragen, auf welche krankmachenden Grundannahmen sie uns hinweist. Erst wenn wir unsere Einstellung hinterfragen, kann sich die Angst legen. Wenn wir uns selbst realistischer einschätzen und uns von der Illusion befreien, wir müssten immer perfekt und selbstsicher sein, können wir aufstehen und unseren Weg gehen.

Die Heilung des Taubstummen – Eine Schule des Hörens und Redens

MARKUS 7,31–37

Bei seinen Wanderungen bringen Leute einen Taubstummen zu Jesus, und sie bitten ihn, er möge ihm die Hand auflegen. Der Gelähmte kann von sich aus nicht zu Jesus kommen. Der Taubstumme könnte zwar auf Jesus zugehen, aber er kann keine Bitte äußern. Das tun die Menschen für ihn. Sie bitten Jesus nicht, dass er ihn heile, sondern dass er seine Hand auf ihn lege, dass er für ihn bete und ihn teilhaben lasse an seiner Kraft. Jesus tut nicht das, was die Begleiter des Taubstummen von ihm erbitten. Er legt nicht einfach die Hände auf, um in einem kurzen Gebet den Kranken zu heilen. Er nimmt den Taubstummen vielmehr beiseite, weg von der Menge. Er trennt ihn von den Leuten, die ihn brachten. Er schenkt ihm eine Sonderbehandlung in einem geschützten Raum, in dem er allein mit dem Kranken ist. Nur in der Zweierbeziehung kann das Vertrauen so wachsen, dass sich der zu öffnen wagt, bei dem Mund und Ohren verschlossen sind. Der Klient braucht das Vertrauen, dass über das, was er von sich sagt, niemand anderer erfährt.

In diesem geschützten Raum der Verschwiegenheit kann nun der Prozess der Heilung geschehen. Aber dies ist ein Prozess, der länger dauert. Es gibt nicht die schnelle Heilung, die die Begleiter wohl gewünscht haben. Der Prozess der Heilung des Taubstummen wird hier in fünf Schritten beschrieben.

Die Zahl Fünf steht für die Vereinigung von Mann und Frau. Die Zahl Zwei ist Bild des Weiblichen, die Zahl Drei Bild des Männlichen. Fünf ist die Zahl der Venus. Fünf ist aber auch die Zahl des Überschreitens ins Göttliche. Die Welt entwickelt sich »als unbelebte mineralische Wirklichkeit, es entsteht die Pflanzenwelt, es kommt die Tierwelt herauf, es erscheint der Mensch. Das sind die vier großen Schritte der Weltentwicklung« (Betz 81). Der fünfte Schritt ist der Überschritt in den göttlichen Bereich, den wir nur mit Gottes Gnade gehen können. Wenn wir das Geheimnis der Fünf mit den fünf therapeutischen Schritten Jesu verbinden, können wir sagen: Jesus macht den Taubstummen offen für die Begegnung mit anderen Menschen und offen für die Begegnung mit Gott.

Jesus zeigt dem Taubstummen in einem Raum des Vertrauens, worum es beim Hören und Sprechen eigentlich geht. Er legt in einem ersten Schritt dem Taubstummen die Finger in die Ohren. Er möchte ihm gleichsam sagen: Alle Worte, die du hörst, wollen letztlich Beziehung zu dir aufnehmen. Du brauchst deine Ohren nicht zu verschließen aus Angst, dass du nur negative, kritische, ablehnende Worte hörst. Selbst in lauten Worten steckt die Sehnsucht nach Beziehung. Höre diese Sehnsucht aus allen Worten heraus!

Der zweite Schritt ist, dass Jesus seinen Speichel nimmt und die Zunge des Stummen berührt. Dies ist eine mütterliche Geste. Mütter berühren mit Speichel die Wunden ihrer Kinder und sagen: Alles ist wieder gut. Der Speichel hatte schon in der Antike eine heilende Wirkung. Man könnte sagen: Jesus schafft eine mütterliche Atmosphäre, in der der Klient sein darf, wie er ist, in der er nicht bewertet wird. Nur wenn der Klient spürt, dass seine Worte nicht bewertet werden, vermag er ehrlich von sich zu erzählen. Sobald er den Eindruck hat, sein Handeln, seine Worte, seine Gedanken und seine Situation werden missbilligt, wird er sich verschließen. Dann zielt die Begleitung ins Leere. Jesus wendet sich dem Taubstummen zärtlich wie eine Mutter zu. Wir können uns die Gebärde Jesu als Kuss vorstellen, mit dem er dem Taubstummen seine zärtliche Nähe schenkt.

Der dritte Schritt der Heilung: Jesus blickt zum Himmel auf. Das kann verschieden gedeutet werden. Jesus zeigt dem Kranken, dass sich bei jedem guten Gespräch der Himmel über den Menschen öffnet. Nicht nur Menschen berühren sich gegenseitig, sondern sie berühren im Gespräch letztlich das Unsagbare, das Geheimnis, das sie miteinander verbindet: den Himmel, der über ihnen leuchtet. Zum Himmel aufblicken sagt aber auch, dass letztlich Gott heilt und nicht der Begleiter. Im Griechischen steht hier wieder das Wort »anablepo«, das »aufschauen« bedeutet. Man könnte sagen: Jesus schaut zum Himmel auf. Er sieht im Kranken den Himmel, der in ihm ist. Er sieht im Kranken nicht nur das Beschädigte, sondern auch die Offenheit für den Himmel und für Gott. Und weil er den Himmel in ihm sieht, vermag auch der Kranke an den Himmel in ihm zu glauben, an den Raum der Stille, in dem Gott in ihm wohnt und zu dem die verletzenden Worte der Menschen keinen Zutritt haben.

Der vierte Schritt besteht im Seufzen. Jesus behandelt den Klienten nicht nur als Klienten. Er öffnet sein Herz für ihn, und er setzt sich emotional für ihn ein. Der Taubstumme kann keine Gefühle äußern. Jesus äußert gleichsam stellvertretend für ihn, was dieser an Gefühlen unterdrückt hat. Das ist ein wichtiger Schritt in der geistlichen und therapeutischen Begleitung. Oft können die Klienten nicht über ihre Gefühle reden. Der Begleiter reagiert dann oft mit den Gefühlen, die der andere unterdrückt. Ich habe einen Priester begleitet, der nach außen hin sehr freundlich war. Aber nach einer Stunde Gespräch war ich immer voller Aggressionen. Ich suchte die Schuld zunächst bei mir. Doch das Team im Recollectio-Haus bestätigte mir ähnliche Reaktionen. Dieser Mann habe eine passive Aggression, die er unter seiner freundlichen Fassade versteckt halte.

In der Begleitung werden diese Aggressionen offenbar, indem sie der Begleiter übernimmt. Manchmal werde ich müde bei der Begleitung. Die erste Frage ist dann immer, ob ich zu wenig geschlafen habe. Aber inzwischen spüre ich, dass meine Müdigkeit darauf hinweist, dass der andere nicht über das spricht, was ihn eigentlich bewegt, sondern an seinem Thema vorbei.

Eine Frau erzählte mir, dass sie bei einem Gespräch mit einer anderen Frau, die anfangs nur von ihrer Arbeit und ihren Erfolgen erzählt hat, auf einmal eine tiefe Traurigkeit spürte. Als sie der Frau ihre Gefühle mitteilte, fing diese an zu weinen. Jetzt kam ihre unterdrückte Traurigkeit ans Licht. Wenn die Begleiterin ihre Gefühle übersprungen hätte, wäre das Gespräch weiter oberflächlich verlaufen. Weil sie ihre Gefühle, die sie spürte, wie Jesus äußerte, konnte sie die Frau dazu ermutigen, über ihre wahren Gefühle zu sprechen. Die Gefühle, die wir beim Gespräch wahrnehmen, sind oft eine wichtige Information über die unterdrückten Gefühle des anderen. Es ist dann entscheidend, die Gefühle, die wir spüren, auch zu äußern. Wir können den anderen fragen, wie er sich unsere Gefühle erklären kann, ob er sie auch in sich spürt. Unsere Gefühle laden ihn ein, sich den eigenen Gefühlen zu stellen.

Der fünfte Schritt besteht dann in dem Befehl: »Effata, das heißt: Öffne dich!« (Markus 7,34) Erst in einer von Vertrauen und mütterlicher Liebe geprägten Atmosphäre vermag der Taubstumme seine Zunge und seine Ohren zu öffnen. Aber es braucht durchaus noch einen Impuls von außen. Jesus muss das, was er mit seiner mütterlichen Liebe vorbereitet hat, auch aufstoßen. Ich erlebe oft Menschen in der Begleitung, die etwas Geheimnisvolles und Schwieriges andeuten, über das sie jetzt noch nicht sprechen können. Manchmal braucht es dann den Befehl: »Jetzt ist der Augenblick. Sie haben etwas angedeutet. Jetzt sprechen Sie es auch aus. Sonst werden Sie es immer vor sich herschieben.«

Markus beschreibt das Öffnen des Taubstummen so: »Sogleich öffneten sich seine Ohren, seine Zunge wurde von ihrer Fessel befreit, und er konnte richtig reden.« (Markus 7,35) Nun wagt er es, die Worte zu hören, die an sein Ohr gelangen. Er hat keine Angst mehr, dass er nur Ablehnung und Härte erfahren könne. Jesus hat ihn gelehrt, dass die Worte ihn erreichen möchten, dass er wichtig für andere und als Ansprechpartner erwünscht ist.

Wenn seine Zunge von der Fessel befreit wird, so zeigt das, dass Dämonen die letzte Ursache seiner Stummheit waren. Dämonen weisen auf die psychische Dimension der Krankheit hin. Der Taubstumme ist verstummt, weil er stumm gemacht worden ist, weil er Angst hat, in seinen Worten sich selbst zu offenbaren und sich vor anderen zu blamieren. Er braucht das Vertrauen, damit sich seine innere Fessel löst.

So brauchen auch wir einen Raum des Vertrauens, um richtig sprechen und auf das hören zu können, was andere uns sagen. Wenn wir den Raum des Vertrauens nicht bei einer Therapeutin oder einem geistlichen Begleiter finden, können wir uns vorstellen, dass Gottes heilende Nähe uns einhüllt und einen schützenden Raum schafft, in dem wir unser verschlossenes Herz langsam zu öffnen wagen.

Heilung eines Blinden – In die Schule des Sehens gehen

MARKUS 8,22–26

Der blinde Bartimäus, von dem schon weiter oben die Rede war, macht auf sich selbst aufmerksam und zwingt Jesus, sich ihm zuzuwenden. In einer anderen Heilungsgeschichte erzählt Markus, dass die Leute einen Blinden zu Jesus bringen. Sie bitten ihn, er möge ihn berühren. Von der Berührung erhoffen sie offensichtlich Heilung. Was der Blinde erhofft, wird nicht gesagt. Die Menschen, die ihn begleiten, haben Hoffnung, dass er geheilt wird.

Jesus reagiert ähnlich wie bei dem Taubstummen. Er behandelt den Blinden nicht vor den Augen der Menschen, die ihn gebracht haben. Hier könnte man von sieben Schritten sprechen, in denen Jesus den Blinden heilt. Sieben ist die Zahl der Verwandlung. Es braucht eine innere Wandlung, bis ein Blinder wieder richtig sehen kann. »Er nahm den Blinden bei der Hand, führte ihn vor das Dorf hinaus, bestrich seine Augen mit Speichel, legte ihm die Hände auf und fragte ihn: Siehst du etwas?« (Markus 8,23)

Der erste Schritt ist das »Bei-der-Hand-Nehmen«. Jesus ergreift die Hand des Blinden. Jesus fragt den Blinden nicht, was er möchte. Er ergreift die Initiative. Und diese Initiative besteht darin, dass er mit seiner Hand Beziehung zum Blinden aufnimmt. Der Handkontakt soll schon Vertrauen vermitteln.

Dann führt ihn Jesus – in einem zweiten Schritt – aus dem Dorf hinaus. Im Dorf beobachten die Leute den Blinden, sie machen ihre Bemerkungen über ihn. Jesus schafft für den Blinden wieder einen Raum des Vertrauens, zu dem kein anderer Zutritt hat. Dort geht es nur um die Beziehung des Blinden zu Jesus, zum Therapeuten. Die Blindheit kann damit zusammenhängen, dass jemand den Mut verloren hat, seine Wahrheit anzuschauen, weil sie zu grausam für ihn ist. Daher braucht es einen Raum des Vertrauens und der Nähe, um die Wahrheit anschauen zu können. Und es ist ein Prozess, der länger dauert, bis der Blinde es wagt, seine Augen zu öffnen.

Im dritten Schritt bestreicht Jesus die Augen mit Speichel. Es ist wieder diese mütterliche Zuwendung, die dem Blinden Vertrauen vermittelt. Jesus fordert ihn nicht als Mann auf, er solle endlich die Augen aufmachen und seine Wahrheit anschauen. Er geht vielmehr behutsam wie eine Mutter mit dem Blinden um und berührt zärtlich seine Augen. Er schafft eine mütterliche Atmosphäre, in der sich irgendwann die Augen öffnen werden.

Dann legt Jesus in einem vierten Schritt seine Hände auf den Blinden. Er betet in dieser Haltung und lässt seine heilende Kraft in ihn einströmen. Handauflegung ist zugleich eine Gebärde des Schutzes. Mit ihr wird ein Schutzraum gebildet, der dem Kranken guttut.

Nach diesen therapeutischen Akten fragt Jesus in einem fünften Schritt den Blinden: »Siehst du etwas?« (Markus 8,23) »Der Mann blickte auf und sagte: Ich sehe Menschen; denn ich sehe etwas, das wie Bäume aussieht und umhergeht.« (Markus 8,24) Der Blinde wagt es, aufzublicken. Hier steht wieder das griechische Wort »anablepo«, das auch »zum Himmel aufschauen« bedeutet. Der Blinde hat vorher vielleicht nur auf den Boden gesehen. Er hat alles schwarz gesehen. Jetzt wagt er, aufzuschauen und zum Himmel emporzuschauen. Er wagt, sein Leben unter den Augen Gottes zu betrachten. Doch er ist noch nicht fähig, die Menschen wirklich zu sehen, dem anderen in die Augen zu sehen, Begegnung auszuhalten. Erst braucht es eine Nachbehandlung durch Jesus.

Es ist interessant, dass Jesu erste Therapiemethode nicht zum erwünschten Erfolg führt. Es braucht längere Zeit, bis der andere wirklich den Mut findet, alles so zu sehen, wie es ist. So legt Jesus dem Blinden in einem sechsten Schritt nochmals die Hände auf, diesmal auf die Augen. Er wendet sich damit gerade dem verwundeten Organ der Augen zu und lässt dorthinein seine Liebe und seine heilende Kraft strömen. Jetzt blickt der Kranke durch, er schaut auf den Grund. Und er sieht alles klar, er ist fähig, in sich selbst und in seine Seele und in das innere Wesen der Dinge hineinzuschauen und die Botschaft seiner Seele und der Dinge zu verstehen. Hier besteht die Therapie in einer Sehschule. Jesus lehrt den Blinden, der seine Augen vor sich und vor der Wahrheit der Welt verschließt, aufzuschauen, durchzuschauen und hineinzuschauen.

Das nennt Markus: Er wurde wiederhergestellt in seine ursprüngliche Gestalt. Er wurde zu dem Menschen, der er von Gott her war. Seine Blindheit hat ihn diese ursprüngliche Gestalt nicht erkennen lassen. Jesus lehrt durch seine Gebärden und seine therapeutischen Schritte den Blinden das Sehen und ermutigt ihn, sich seiner eigenen Wahrheit und der Wahrheit der Welt zu stellen.

Der letzte und siebte Schritt der Heilung geschieht auf eigenartige Weise: »Jesus schickte ihn nach Hause und sagte: Geh aber nicht in das Dorf hinein!« (Markus 8,26)

In der Begegnung mit Jesus hat der Blinde zu sich selbst gefunden. Jetzt braucht er das Zu-Hause-Sein, das Bei-sich-Sein, damit er die Augen nicht wieder vor der Realität dieser Welt verschließt. Er soll das Dorf meiden. Er soll den Blicken der anderen noch aus dem Weg gehen. Erst wenn er den Mut gefunden hat, im vertrauten Bereich seines Hauses alles anzuschauen, was sich ihm zeigt, wird er auch fähig sein, draußen im Dorf, in der Wirklichkeit der Welt mit offenen Augen seinen Weg zu gehen.

Die verschiedenen Schritte des Sehens gelten für unsere persönliche Sehschule. Wir sollen lernen, aufzuschauen und die Augen zum Himmel zu öffnen. Unter Gottes Augen bekommen wir dann den Mut, auf den Grund zu schauen. Gott begegnet uns über uns und in uns, auf dem Grund unserer Seele. Wenn wir Gott über uns und auf dem Grund unserer Seele sehen, dann bekommen wir auch den Mut, in das eigene innere Chaos hineinzuschauen. Wir bleiben dann nicht mit unseren Augen in dem inneren Durcheinander, in der eigenen Dunkelheit hängen, sondern wagen es, die Wahrheit anzuschauen, die von Gott über uns und unter uns umfangen ist.

Der Hauptmann von Kafarnaum – Eine Fernheilung

MATTHÄUS 8,5–13; LUKAS 7,1–10 UND JOHANNES 4,46–53

Die Geschichte vom Hauptmann von Kafarnaum erzählen uns drei Evangelisten. Aber jeder setzt eigene Akzente. Bei Matthäus und bei Johannes ist es der Hauptmann selbst (beziehungsweise bei Johannes der königliche Beamte), der zu Jesus kommt und ihn bittet, er solle seinen Sohn heilen. Bei Lukas schickt der Hauptmann »einige von den jüdischen Ältesten zu ihm mit der Bitte, zu kommen und seinen Diener zu retten« (Lukas 7,4). Diese treten für den Hauptmann ein: »Er verdient es, dass du seine Bitte erfüllst; denn er liebt unser Volk und hat uns die Synagoge gebaut.« (Lukas 7,5)

Sowohl bei Matthäus als auch bei Lukas verweist der Hauptmann auf seine eigene Befehlsgewalt: »Ich habe selbst Soldaten unter mir; sage ich nun zu einem: Geh!, so geht er, und zu einem andern: Komm!, so kommt er.« (Lukas 7,8) Daher bittet er Jesus, er brauche nicht in sein Haus zu kommen: »Denn ich bin es nicht wert, dass du mein Haus betrittst ... Sprich nur ein Wort, dann muss mein Diener gesund werden.« (Lukas 7,6–7)

Jesus ist fasziniert von dem Glauben des Hauptmanns und lobt ihn vor allen Anwesenden. Und als die Leute heimkommen, stellen sie fest, dass der Diener gesund ist. Bei Matthäus sagt Jesus zum Hauptmann: »Geh! Es soll geschehen, wie du geglaubt hast. Und in derselben Stunde wurde der Diener gesund.« (Matthäus 8,13) Bei allen drei Evangelien handelt es sich um eine Fernheilung. Jesus belohnt das Vertrauen des Hauptmanns beziehungsweise des königlichen Beamten bei Johannes. Der Hauptmann vertraut dem Wort Jesu, und so wird der Diener beziehungsweise der Sohn des königlichen Beamten gesund.

Jesus behandelt hier letztlich nicht den Diener beziehungsweise den Sohn, sondern den Hauptmann beziehungsweise den königlichen Beamten. Er bestätigt dessen Glauben. Weil er an Jesus glaubt, weil er Jesus zutraut, dass er den Sohn oder Diener zu heilen vermag, erfährt er Heilung. Jesus bestätigt und stärkt letztlich den Glauben der Angehörigen. Durch den Glauben der Angehörigen kann der Diener gesund werden. Jesus muss gar nicht tätig werden. Er schafft durch den Glauben der Angehörigen eine Atmosphäre, in der der Diener beziehungsweise der Sohn gesund werden kann. Man könnte auch sagen: Jesus heilt das System, in dem der Kranke lebt. Und indem er das System behandelt, behandelt er letztlich auch den, der in dem System lebt.

Die Liturgie hat das Wort des Hauptmanns zum Gebet vor der Kommunion umgeformt: »Herr, ich bin nicht würdig, dass du eingehst unter mein Dach. Aber sprich nur ein Wort, so wird meine Seele gesund.« Viele tun sich schwer mit diesem Wort. Sie wollen es umformen und sagen: »Ich bin würdig.« Doch sie lesen dieses Wort nur durch die Brille ihrer eigenen Wertlosigkeit, die ihnen in ihrer Kindheit vermittelt wurde.

Der Hauptmann war ein Mann voller Selbstwertgefühl. Aber er hatte auch ein Gespür für das Geheimnis Jesu. In Jesus sah er einen Menschen, der von Gott gesandt war. Ihm traute er zu, dass er seinen Sohn durch ein Wort heilte. Jesus lobt seine Worte als Ausdruck seines Glaubens. Wenn wir die Worte des Hauptmanns vor der Kommunion aufgreifen, dann bekennen wir einmal das Geheimnis Jesu. Gott selbst kommt in ihm zu uns. Und wir verstehen die Kommunion als Heilungsgeschehen. So wie damals der Sohn des Hauptmanns gesund wurde, so wird jetzt unsere Seele gesund, weil Christus selbst in uns eingeht. Wir bräuchten den Glauben des Hauptmanns, um das zu erfassen, was da in der Kommunion mit uns geschieht.

Heilung in der Begegnung

Der Besessene in Kafarnaum – Heilung durch ein gesundes Gottesbild

MARKUS 1,21–28

Die Heilungsgeschichte des Besessenen in der Synagoge von Kafarnaum fällt aus dem bisherigen Muster – der Kranke geht auf Jesus zu, Jesus geht auf den Kranken zu, andere bringen den Kranken zu Jesus – heraus. Jesus predigt in der Synagoge. Er lehrt die Menschen. Doch diese Lehre ist so ganz anders als die der Schriftgelehrten. Jesus lehrt »wie einer, der (göttliche) Vollmacht hat« (Markus 1,22).

Jesus hat nicht vor, jemanden zu heilen. Er ist mit seiner Lehre beschäftigt. Doch die Menschen reagieren auf seine Lehre. Da sitzt in der Synagoge einer, der von einem unreinen Geist besessen ist: »Der begann zu schreien: Was haben wir mit dir zu tun, Jesus von Nazaret? Bist du gekommen, um uns ins Verderben zu stürzen? Ich weiß, wer du bist: der Heilige Gottes.« (Markus 1,24) Jesus ruft durch seine Botschaft vom gnädigen Gott, der uns nahe gekommen ist, in dem Mann eine heftige Gegenreaktion hervor.

Offensichtlich spricht Jesus mit seinem Gottesbild das dämonische Gottesbild dieses Mannes an. Der Mann kann nicht an sich halten. Jesus stellt ihn mit seinem dämonischen Gottesbild in Frage. Und so beginnt er, Jesus anzuschreien.

Jesus hat gar nichts gegen diesen Menschen gesagt. Er hat nur von Gott gepredigt. Doch das Gottesbild Jesu ist eine Provokation für diesen Menschen, der sich offensichtlich ein Gottesbild zurechtgezimmert hat, das ihn bestätigt. Vielleicht ist dies das Bild eines Gottes, der mich belohnt, wenn ich genügend religiöse Leistung erbringe. So ein enges Gottesbild macht gegenüber anderen offeneren Gottesbildern allergisch. Oder es war das Bild eines kontrollierenden Gottes, der unsere Gedanken und Werke genau registriert und beurteilt.

Offensichtlich hat Jesus Gott anders verkündigt: Er spricht sicher vom gnädigen und barmherzigen Gott, von einem Gott, der sich gerade den Sündern zuwendet und sie mit seiner Liebe zur Umkehr bewegt. Das Gottesbild Jesu macht den Mann aggressiv. Dieser spürt, dass Jesus etwas in seiner Seele anspricht, was er bisher verdrängt und unterdrückt hat. Er hat sein kontrollierendes Gottesbild gebraucht, um die Angst vor dem Chaos der eigenen Seele unter Kontrolle zu bekommen. Wenn ihm dieses Gottesbild genommen wird, muss er seine eigene Wahrheit anschauen. Und das vermag er nicht. Also projiziert er seine Angst auf Jesus und möchte durch die Nennung seines Namens Macht über ihn bekommen.

Durch die heftige Reaktion wird Jesus bewegt, sich diesem Mann zuzuwenden und ihn zu heilen. Seine Therapiemethode besteht in einem Befehl: »Da befahl ihm Jesus: Schweig und verlass ihn!« (Markus 1,25) Jesus spricht nicht den Mann an, sondern den Dämon, der in ihm ist und der ihm dieses falsche Gottesbild eingeprägt hat. Dieser Dämon, der den Mann mit seinem dämonischen Gottesbild im Griff hat, soll den Mann verlassen und schweigen.

Jesu Wort hat auch hier eine Wirkung: »Der unreine Geist zerrte den Mann hin und her und verließ ihn mit lautem Geschrei.« (Markus 1,26) Der Mann ist offensichtlich hin und her gerissen: zwischen der Botschaft, die Jesus verkündigt und die ihn innerlich anspricht, und dem alten Gottesbild, mit dem er zusammengewachsen ist. Doch das Wort Jesu ist mächtiger. Es befreit ihn nach einem langen Ringen von seinem dämonischen Gottesbild. Hier könnte man sagen: Jesus heilt den Mann, indem er richtig von Gott spricht.

Jesus weiß, dass das Gottesbild darüber entscheidet, welches Bild ein Mensch von sich hat und ob ein Mensch gesund oder krank wird. Diese Methode Jesu zeigt der geistlichen Begleitung die Richtung an, in der sie arbeiten soll. Sie soll das Gottesbild zum Thema machen und schauen, wo der Klient krankmachende und dämonische Gottesbilder in sich trägt. Oft sitzen diese dämonischen Gottesbilder im Unbewussten. Von der eigenen Theologie her ist man mit dem Gottesbild Jesu einverstanden. Aber tief in der Seele schlummern noch die anderen Gottesbilder, die einen bestimmen und oft am Leben hindern. Und die Therapiemethode Jesu zeigt, dass es oft eines langen Ringens bedarf, bis ein Mensch von seinen alten Gottesbildern frei wird. Dies ist nicht nur ein rationales Einsehen, sondern ein Ringen, das Leib und Seele berührt.

Der unreine Geist fährt mit lautem Geschrei aus dem Kranken. Manchmal schreien Menschen, die von einem dämonischen Gottesbild geprägt waren, ihre ganze Wut heraus darüber, dass sie jahrelang einem Götzen gedient haben und nicht dem Gott Jesu Christi. Sie müssen sich mit ihrer aggressiven Kraft von den krankmachenden Gottesbildern distanzieren, bis sie fähig werden, mit den Augen Jesu auf Gott zu schauen und als freie Menschen vor Gott zu stehen.

Die Geschichte von der Heilung des Besessenen in der Synagoge von Kafarnaum lädt uns ein, uns mit unseren Gottesbildern zu beschäftigen. Wo entspricht unser Gottesbild dem Bild, das Jesus uns von Gott gezeichnet hat? Oder ist unser Gottesbild Ausdruck eines negativen Selbstbildes? Verweist das strafende Gottesbild auf Selbstbestrafungstendenzen in meiner Seele? Hat der Zwang, alle meine Emotionen und Gedanken zu kontrollieren, das kontrollierende Gottesbild erzeugt? Ist meine Buchhaltermentalität, die alles bewertet, schuld an meinem Bild eines Gottes, der alles in mir beurteilt?

Wir können oft nicht sagen, was zuerst war: das kranke Selbstbild oder das kranke Gottesbild. Zumindest korrespondieren sie miteinander. Die Begegnung mit dem Gottesbild Jesu wirkt nur dann heilend auf mich, wenn ich bereit bin, mich von meinen krankmachenden – von meinen dämonischen – Gottesbildern zu verabschieden.

Heilung des Blindgeborenen - Es geht nicht um Schuld, sondern um Gottes Wirken

JOHANNES 9,1–12

Auch beim Blindgeborenen wird nicht gesagt, dass er von sich aus auf Jesus zugeht oder dass Jesus auf ihn zugeht. Er ist einfach da. Er taucht auf. Und er wird zum Anlass, dass die Jünger und Jesus über ihn sprechen. Die Jünger fragen Jesus: »Rabbi, wer hat gesündigt? Er selbst? Oder haben seine Eltern gesündigt, so dass er blind geboren wurde? Jesus antwortete: Weder er noch seine Eltern haben gesündigt, sondern das Wirken Gottes soll an ihm offenbar werden.« (Johannes 9,2–3)

Die Jünger sind einer Auffassung verhaftet, die im Judentum verbreitet war: Wenn jemand krank ist, muss jemand gesündigt haben. Es muss eine Ursache für die Krankheit geben. Einer muss schuld sein: entweder der Kranke oder seine Eltern. Jesus verneint diesen Zusammenhang zwischen Sünde und Krankheit. Er verneint die kausal-reduktive Krankheitsdeutung, von der Sigmund Freud gesprochen hat.

Das Krankheitsverständnis Freuds entspricht der Sichtweise der Jünger. Doch sie ist gefährlich. Denn dann vermittle ich jedem Kranken: Du bist selbst schuld an deiner Krankheit. Oder wie die Esoterik sagt: Du machst dir deine Krankheit selbst. Oder: Du musst in deiner Umgebung Menschen ausfindig machen, die an deiner Krankheit schuld sind. Die Schuldzuweisung an mich oder andere führt aber nicht weiter. Sie erzeugt nur Schuldgefühle, die mich lähmen und schwächen, aber nicht zur Heilung beitragen.

Jesus sagt: Keiner hat gesündigt. Die Werke Gottes sollen in ihm offenbar werden. Die Frage ist, wie wir dieses Wort Jesu verstehen sollen. Vielleicht könnte man es mit der Sicht C. G. Jungs vergleichen, der von einer finalen Krankheitsdeutung spricht.

Die Krankheit weist auf ein Ziel hin. Sie hat einen Sinn. Sie will uns auf neue Weisen des Lebens hinweisen.So könnte man sagen: Gottes Werke sollen an dem Kranken sichtbar werden. Die Krankheit wird der Ort, an dem Gott am Kranken handelt und an dem Gottes Herrlichkeit im Kranken aufleuchtet. Wir sollen nicht in die Vergangenheit schauen, sondern in die Zukunft. Jede Situation – auch die Situation der Krankheit – kann durch Gottes Wirken verwandelt und geheilt werden.

Wie das zu verstehen ist, das demonstriert Jesus, indem er von sich aus eine Therapie für den Blindgeborenen beginnt. »Als er dies gesagt hatte, spuckte er auf die Erde; dann machte er mit dem Speichel einen Teig, strich ihn dem Blinden auf die Augen und sagte zu ihm: Geh und wasch dich in dem Teich Schiloach! Schiloach heißt übersetzt: Der Gesandte.« (Johannes 9,6–7)

Man könnte sagen: Jesus zeigt durch seine Gesten, was das Blindsein ausdrückt und wie es verwandelt werden kann. Blindsein bedeutet oft: die Augen vor sich und seiner Wahrheit verschließen, weil sie mit dem eigenen Bild von sich selbst nicht übereinstimmt. Wenn von einem Blindgeborenen die Rede ist, könnte man sagen: Seit seiner Geburt konnte er seine Wirklichkeit nicht anschauen, weil sie zu grausam und nicht auszuhalten war.

Jesus spuckt auf die Erde und macht aus der Erde und seinem Speichel einen Teig. Er will dem Blinden damit letztlich sagen: Du bist von der Erde genommen. Söhne dich mit deiner Menschlichkeit, mit deiner Erdhaftigkeit aus. Werde dir bewusst, dass Erde, dass Dreck in dir ist. Der Blinde muss Demut lernen. Demut – im Lateinischen »humilitas« – hängt mit Humus zusammen. Demütig ist derjenige, der sich mit seiner Erdhaftigkeit aussöhnt, der hinabsteigt in die Tiefen seiner Seele.

Mit dem Teig auf den Augen soll sich der Blindgeborene im Teich Schiloach waschen. Schiloach bedeutet »der Gesandte«. Das ist ein Ausdruck für den Messias. In der Begegnung mit Jesus vermag der Blinde wieder zu sehen. Die Begegnung mit Jesus ist wie ein Bad, in dem der Blinde den Dreck von seinen Augen abwäscht und so fähig wird, die Wirklichkeit wieder anzuschauen.

Die Frage ist, was der Therapeut oder der geistliche Begleiter für eine Ausstrahlung haben muss, damit er für den Klienten zu einem »Bad« wird, in dem er allen Dreck von seinen Augen waschen kann, um wieder sehen zu können. Die Voraussetzung, dass die therapeutische oder geistliche Begleitung als »Bad« erfahren werden kann, ist, dass der Begleiter nicht bewertet. Wer bewertet, behängt die Seele mit Schmutz. Wer bewertet wird, fühlt sich oft genug entwertet und schmutzig.

Jesus sagt von sich selbst im Johannesevangelium: »Ihr seid schon rein durch das Wort, das ich zu euch gesagt habe.« (15,3) Jesus hat nicht moralisiert. Er hat so gesprochen, dass sich die Menschen im Einklang mit sich selbst und dass sie sich rein fühlten.

Unsere Worte sind oft vermischt mit unreinen Absichten. Wir wollen uns beispielsweise in unseren Worten selbst besser darstellen, als wir sind. In unseren Worten sind oft versteckte Aggressionen oder Vorurteile, Bewertungen und Verurteilungen. So ist es eine wichtige Aufgabe für den geistlichen Begleiter, achtsam mit seiner Sprache umzugehen und zu überprüfen, wo sie selbst unrein geworden ist. Nur mit einer klaren und reinen Sprache – ohne Nebenabsichten – schaffen wir eine Atmosphäre, in der Blinde den Mut finden, sich selbst in aller Klarheit anzuschauen. Unsere Sprache verleiht ihnen das Vertrauen, dass es in ihnen nichts gibt, das nicht mit einem guten und hellen Auge angeschaut werden kann.

Wer die Heilungsgeschichte des Blindgeborenen für sich meditiert, der spürt in sich den Impuls, sich von seinen Illusionen zu verabschieden. Diese Illusionen haben ihn dazu geführt, seine Augen vor seiner Wirklichkeit zu verschließen. Er ist vor sich selbst in die ideale Vorstellung von sich geflohen. Die Begegnung mit Jesus fordert ihn heraus, demütig die eigene Menschlichkeit anzunehmen und sich mit all dem Irdischen und Erdhaften in sich zu versöhnen. Dann vermag er mit offenen Augen die eigene Wirklichkeit anzuschauen. Und er wird sein Auge auch nicht vor den Menschen verschließen, die ihn an seine eigene Erdhaftigkeit und Brüchigkeit erinnern.

Familientherapie – Aufhebung der Verwicklungen

Die Bibel berichtet uns nicht nur von der Heilung psychosomatischer Krankheiten durch Jesus, sondern auch von der Heilung der Beziehungen zwischen den Eltern und ihren Kindern. Die Evangelien erzählen uns vier klassische Beziehungsgeschichten: Vater–Tochter (Markus 5,21–43), Mutter– Tochter (Markus 7,24–30), Vater–Sohn (Markus 9,14–29) und Mutter–Sohn (Lukas 7,11–17). Jesus erscheint in diesen Geschichten als Familientherapeut, der schon vor zweitausend Jahren vorweggenommen hat, was uns heutige Familientherapie lehrt. Da ich diese vier Beziehungsgeschichten in meinem Buch »Finde deine Lebensspur. Die Wunden der Kindheit heilen« ausführlich ausgelegt habe, möchte ich mich hier darauf beschränken, die Therapiemethoden Jesu bei der Familientherapie zu beschreiben.

In diesen vier Geschichten können wir beobachten, dass Jesus nie nur den Sohn oder die Tochter, sondern immer auch Vater und Mutter behandelt. Er verteilt aber keine Schuldgefühle. Er vermittelt weder Vater und Mutter noch Sohn und Tochter, dass sie an den Problemen oder Krankheiten schuld seien. Er geht einfach von Verwicklungen aus, die entstanden sind. Und er versteht seine Therapie als Auflösung dieser Verwicklungen. Dabei ist es allerdings nötig, dass sowohl Eltern als auch Kinder neue Verhaltensweisen einüben und so ein besseres Miteinander möglich wird.

Jesus behandelt den Vater anders als die Mutter. In beiden Vätergeschichten geht es um Angst und Vertrauen. Dem Synagogenvorsteher Jairus, dem verkündet wird, dass seine Tochter gestorben sei, sagt er: »Sei ohne Furcht; glaube nur!« (Markus 5,36) Das Problem vieler Väter ist, dass sie die Söhne und Töchter genauso behandeln wollen wie die Mitarbeiter in der Firma, wie die Schüler in der Schule oder wie die Klienten in der Therapie. Doch die Kinder lassen sich nicht so behandeln, sie wollen vielmehr in ihrer Einzigartigkeit wahrgenommen werden. Der Vater muss lernen, die Tochter loszulassen, sie ihrem eigenen Wachsen und Werden und letztlich Gott zu überlassen, der sie in ihrer Einmaligkeit geschaffen hat.

Dem Vater des Sohnes, der den Vater durch seine epileptischen Anfälle in Ohnmacht stürzt, antwortet er: »Alles kann, wer glaubt.« Daraufhin antwortet der Vater: »Ich glaube; hilf meinem Unglauben.« (Markus 9,23–24)

Der Sohn hatte im Umfeld des Vaters keinen Raum des Vertrauens gefunden, um seine Aggressionen, seine Gefühle und seine Sexualität auf angemessene Weise ausdrücken zu können. So konnte er sie nur auf nonverbale Weise durch seine Anfälle ausdrücken. Markus erzählt, dass der Dämon ihn zu Boden geworfen habe, so dass Schaum vor den Mund trat und er mit den Zähnen knirschte. Und oft genug hat der Dämon ihn ins Feuer oder Wasser geworfen. Das sind Bilder für die unterdrückten Aggressionen, für das Unbewusste, das ihn überschwemmt, und für die sexuellen Phantasien, die ihn ins Feuer werfen. Als Jesus den Vater auf den Glauben hin anspricht, erkennt der Vater: »Ich habe nicht an meinen Sohn geglaubt.« Und er beginnt nun, zu glauben. Er sehnt sich danach, an den Sohn glauben zu können. Und er erbittet Jesu Hilfe dabei.

In den beiden Muttergeschichten geht es um das Thema des Abgrenzens. Die Mutter ist in den ersten Jahren dem Kind am nächsten. Sie hat es im Mutterschoß getragen, sie stillt es, sie wickelt es und schafft einen engen körperlichen und seelischen Kontakt. Aber wenn das Kind älter wird, geht es darum, die Tochter oder den Sohn loszulassen. Natürlich muss auch der Vater seine Kinder loslassen. Aber da die Beziehung zwischen Mutter und

Kindern enger ist, fällt der Mutter das Loslassen schwerer. Der erste Schritt dieses Loslassens ist die Abgrenzung. Indem sich die Mutter von der Tochter oder vom Sohn abgrenzt, überlässt sie diesen die Verantwortung für sich selbst. Vielen Müttern fällt es schwer, die Sorge um ihre Kinder loszulassen. Es kann auch hier nicht um ein radikales Loslassen gehen. Denn die Mutterliebe bleibt bis zum Tod. Aber ein gutes Maß zu finden zwischen Sorge und Loslassen ist die lebenslange Aufgabe der Mutter.

Jesus macht es der Mutter vor, wie das Loslassen geht. Er grenzt sich der Mutter gegenüber ab, die zu ihm kommt und ihn drängt, gleich mit ihr zu gehen, um die Tochter zu heilen. Die Mutter wollte Jesus ähnlich vereinnahmen wie ihre Kinder. Sie fällt vor ihm nieder und umfasst seine Füße. Jesus hält der Mutter einen Spiegel vor Augen. Er zeigt ihr auf, warum ihre Tochter krank ist: Sie ist nicht satt geworden. Die Hunde haben ihr das Brot weggegessen. Die Hunde stehen für die Vorlieben der Frau: ihre eigene Karriere, ihre Urlaubswünsche, ihre Bedürfnisse. Indem Jesus der Mutter einen Spiegel vor Augen hält, lehrt er sie eine andere Sichtweise. Mit dieser neuen Sichtweise soll sie nach Hause gehen. Die Mutter nimmt diese neue Sichtweise sofort auf. Sie sagt zu Jesus: »Ja, du hast recht, Herr. Aber auch für die Hunde unter dem Tisch fällt etwas von dem Brot ab, das die Kinder essen.« (Markus 7,28) Sie erkennt: Meine Tochter ist nicht satt geworden. Ich muss mehr auf ihre Bedürfnisse schauen. Aber auch ich muss satt werden. Auch ich habe Bedürfnisse, die gestillt werden müssen.

Die Mutter braucht ein neues Gleichgewicht zwischen der Zuwendung zur Tochter und zu sich selbst. Sie braucht den Mut, auch für sich selbst zu sorgen. Sie braucht nicht auf die Tochter fixiert zu sein, vor lauter Angst, ob sie ihr denn auch genügend Liebe schenke, ob sie auch alles in der Erziehung richtig mache. Jesus befreit die Mutter zu sich selbst und auf diese Weise auch die Tochter.

Ähnlich können wir das Wort Jesu an die Mutter des jungen Mannes verstehen, der gestorben ist und den nun eine große Menge von Leuten aus der Stadt trägt, um ihn zu beerdigen. Jesus hat Mitleid mit der Mutter und sagt zu ihr: »Weine nicht!« (Lukas 7,13) Die Mutter soll den Sohn loslassen. Er soll seinen Weg gehen. Sie soll die Augen öffnen. Dann erkennt sie, dass sie nicht allein ist, während der Sohn weggeht. Viele Menschen begleiten sie. Sie soll ihr Bedürfnis nach Beziehung nicht allein mit dem Sohn befriedigen. Auch sie soll sich dem Sohn gegenüber abgrenzen und ihn loslassen. Die zu große Nähe zur Mutter lässt den Sohn nicht leben.

Eine weitere Einsicht bietet die Meditation dieser vier Beziehungsgeschichten. Bei den gleichgeschlechtlichen Beziehungen – Vater–Sohn und Mutter–Tochter – heilt Jesus immer, indem er den Dämon austreibt. Der Dämon ist ein unreiner Geist, der das Selbstbild der Tochter oder des Sohnes trübt. Wir können das als Projektion verstehen. Der Vater sieht den Sohn nicht als einmaligen Sohn, sondern er projiziert seine Erwartungen in ihn hinein. Dieser soll genauso werden wie er, oder er soll all das nachholen, was er selbst nicht verwirklichen konnte, wie ein Studium aufnehmen oder einen bestimmten Beruf erlernen.

Die Mutter erkennt in der Tochter nicht die einmalige Tochter, sondern sie hat ihre eigenen Bilder von Frausein, die sie in die Tochter projiziert. Oder aber die Tochter erinnert sie an ihre eigenen ungelebten Seiten. Dann bekämpft sie das, was die Tochter ihr an Schattenseiten aufdeckt. Dieser Dämon muss ausgetrieben werden. Auch hier lehrt Jesus den Vater und die Mutter eine neue Sichtweise. Sie sollen das einmalige Bild, das Gott sich von ihren

Kindern gemacht hat, entdecken oder erahnen, anstatt die eigenen Bilder in sie hineinzuprojizieren. Bei den gegengeschlechtlichen Beziehungen – Vater–Tochter, Mutter–Sohn – geht die Heilung immer über den Tod und die Auferweckung. Die Tochter muss aus der Symbiose mit dem Vater und der Sohn aus der engen Bindung an die Mutter gleichsam ausbrechen. Die alte Identität, in der man sich ganz vom Vater oder von der Mutter her definiert, muss sterben.

Die Heilung ist wie eine Auferweckung, eine Auferstehung. Sohn und Tochter müssen in eine neue Identität hinein aufstehen. Sie brauchen den Mut, sie selbst zu sein. Bei der Tochter wird das ausgedrückt, indem Jesus sie an der Hand nimmt und ihr sagt: »Ich sage dir, steh auf!« (Markus 5,41)

Er befiehlt, ihr zu essen zu geben. Sie soll sich selbst spüren, ihre Vitalität, ihr Frausein. Beim jungen Mann, der tot auf der Bahre liegt, hält Jesus die Bahre an: Das ist nicht der Ort, an dem du leben kannst. Du kannst dich nicht dein Leben lang auf Händen tragen lassen. Und dann sagt Jesus: »Ich befehle dir, junger Mann: Steh auf!« (Lukas 7,14) Er soll aufstehen. Das griechische Wort »egertheti« bedeutet zugleich auch: »Wach auf!« Der Sohn soll endlich aufwachen und Mann werden, anstatt immer in seiner kindlichen Rolle bei der Mutter zu verbleiben.

Jesus weiß, dass Sohn oder Tochter nicht allein dadurch geheilt werden, dass Vater und Mutter eine neue Sichtweise und Verhaltensweise einüben. Sohn und Tochter haben in der Beziehung zu ihren Eltern auch ein Rollenspiel entwickelt, das ihnen nicht guttut und aus dem sie deshalb ausbrechen müssen. Daher behandelt Jesus auch den Sohn und die Tochter. Bei der Tochter des Jairus nimmt Jesus die Tochter an der Hand und lässt ihr zu essen geben. Er stärkt sie in ihrer eigenen Identität. Doch Markus hat in die Geschichte von der Heilung der Tochter die Heilung der blutflüssigen Frau hineingeschoben. Damit zeigt er, wie die Vaterwunde sich bei einer erwachsenen Frau auswirkt.

Die eigentliche Vaterwunde dieser Tochter ist, vom Vater übersehen zu werden. Wenn sie übersehen wird, gibt sie ihr ganzes Blut, ihre ganze Kraft, ihr ganzes Vermögen, sie setzt all ihre Fähigkeiten ein, um endlich gesehen zu werden. Aber damit verausgabt sie sich völlig. Der erste Schritt der Heilung geht von der blutflüssigen Frau aus, die erkennt, dass sie nichts mehr zu geben hat. Sie nimmt sich den Zipfel vom Gewand Jesu. Sie hat den Mut, für sich selbst etwas zu tun. Sie nimmt den Therapeuten, den geistlichen Begleiter in Anspruch. Und sie hält ihm die ganze Wahrheit hin. Sie erzählt ihr Leben so, wie es ist. Und nun wird sie wirklich gesehen.

Jesus sagt zu ihr: »Meine Tochter, dein Glaube hat dir geholfen. Geh in Frieden! Du sollst von deinem Leiden geheilt sein.« (Markus 5,34) Jesus nimmt sie wirklich wahr. Er geht eine Beziehung zu ihr ein. Er nennt sie seine Tochter. Er vermittelt ihr gleichsam als Ersatzvater neuen Mut, ihr eigenes Leben zu leben. Aber er macht sie nicht von sich abhängig. Er verweist sie auf ihren Glauben. Sie hat in sich Glauben und Vertrauen. Sie hat in sich eine Quelle, aus der sie schöpfen kann. Wenn sie aus ihren eigenen Ressourcen lebt, anstatt immer nur auf die Zuwendung des Vaters zu warten, dann kann sie in Frieden ihren Weg gehen. Dann ist sie im Einklang mit sich selbst. Dann ist sie geheilt und gesund.

Die Tochter der syro-phönizischen Frau behandelt Jesus nicht. Sie bekommt er gar nicht zu Gesicht. Bei ihr hilft es offensichtlich, wenn Jesus der Mutter eine andere Sichtweise vermittelt. Wenn die Mutter die Tochter mit anderen Augen sieht, wenn sie sie nicht mehr als Rivalin sieht oder als die, die sie zur Weißglut bringt, sondern wenn sie in ihr die einmalige junge Frau entdeckt, die ihr oft genug ihre Schattenseiten vorhält, dann wird die Mutter-Tochter-Beziehung anders. Und wenn die Beziehung anders wird, vermag die Tochter anders zu leben. Als die Mutter nach Hause kommt, »fand sie das Kind auf dem Bett liegen und sah, dass der Dämon es verlassen hatte« (Markus 7,30). Die Tochter ruht in sich selbst. Sie ist nicht mehr hin- und hergerissen zwischen ihrer eigenen Identität und der Rolle, die sie vor der Mutter spielt. Sie ist im Einklang mit sich selbst.

In der Geschichte im neunten Kapitel des Markusevangeliums (14–29) hatte der Sohn den Vater mit seinen Anfällen in die Hilflosigkeit gestürzt. Der Vater wusste nicht mehr, wie er dem Sohn helfen solle. Jesus lehrt ihn, er solle vertrauen. Aber auch der Sohn hat sich in seiner Rolle eingerichtet. Er hatte Macht über den Vater.

Ein evangelischer Pfarrer, der mit seinem Vater große Probleme hatte, meinte: »Ich habe meinem Vater ja auch gar keine Chance gelassen. Als ich studiert und erkannt hatte, was mir mein Vater angetan hat, habe ich es ihn spüren lassen. Ich habe ihn gar nicht mehr an mich herangelassen.« Der Sohn muss ausbrechen aus der Rolle, mit der er sich identifiziert und mit der er es dem Vater schwer gemacht hat. Markus schildert die Heilung des Sohnes recht dramatisch: Jesus befiehlt dem unreinen Geist, er solle aus dem Sohn ausfahren. Doch der zerrt den Sohn nochmals hin und her und verlässt ihn dann mit lautem Geschrei. Es bedeutet oft ein inneres Ringen, sich von seinen alten Rollen zu befreien. Und manchmal muss der Sohn die alte Wut erst herausschreien. Der Sohn liegt wie tot auf dem Boden. Die Leute sagen: »Er ist gestorben.« Er hat seine alte Identität abgelegt. Jetzt muss Jesus ihn an die Hand nehmen, damit er mit sich und seinem wahren Wesen in Berührung kommt. Und Jesus richtet ihn auf, damit er aufrecht seinen Weg gehen kann.

Bei dem Jüngling von Nain geschieht Heilung durch den Befehl, aufzustehen und aus der Symbiose mit der Mutter auszubrechen. Aber dann folgt eine Bemerkung, mit der sich manche schwertun: »Jesus gab ihn seiner Mutter zurück.« (Lukas 7,15)

Die Heilung bedeutet nicht, dass der Sohn mit der Mutter nichts mehr zu tun haben soll. Dann würde er sich ja selbst von seinen eigenen Wurzeln abschneiden. Die Mutter ist und bleibt die Wurzel, die wir brauchen, damit unser Lebensbaum zur Blüte kommt. Es braucht aber zugleich eine innere Freiheit der Mutter gegenüber, eine neue Form der Distanz, damit wir dann auch ihre Nähe annehmen können. Der Sohn spielt vor ihr nicht mehr die alte Rolle. Er ist er selbst geworden und kann nun auch die Mutter sein lassen, wie sie ist.

Wir spüren, welche Weisheit in diesen Geschichten steckt. Jesus erscheint hier als der erste Familientherapeut, der das familiäre Geflecht kennt und es durchschaut. Er behandelt Vater, Mutter, Sohn und Tochter genau so, wie sie es brauchen, um auf der einen Seite ganz sie selbst zu sein und ihren eigenen Weg zu gehen und um auf der anderen Seite aber auch in eine gute Beziehung zu Vater und Mutter, zu Sohn und Tochter zu kommen. Es geht Jesus nicht darum, alle vergangenen Probleme aufzuarbeiten, sondern einen neuen Weg in die Zukunft zu weisen. Die Erfahrung der eigenen Quelle und die Erfahrung von Verständnis und Zuwendung durch den Therapeuten – gleichsam die »Nachbeelterung« durch den Therapeuten oder geistlichen Begleiter – sind der Weg der Heilung.

Überblick über die verschiedenen Therapiemethoden Jesu in den Heilungsgeschichten

Auf dem Hintergrund aller Heilungsgeschichten möchte ich nochmals einen Blick auf die verschiedenen Therapiemethoden Jesu werfen. Dabei habe ich auf der einen Seite den Therapeuten und die geistliche Begleiterin im Blick. Sie können von den Therapiemethoden Jesu Anregungen für ihre eigene Begleitungsarbeit gewinnen. Auf der anderen Seite schaue ich aber auch auf die Leser und Leserinnen dieses Buches, die sich auf einen Weg der Selbstwerdung gemacht haben, die auf ihrem Weg Hilfe in ihren Problemen und Heilung ihrer Krankheiten und neurotischen Muster erwarten. Das Lesen und Meditieren der Heilungsgeschichten ersetzt keine Therapie, kann aber dennoch vielen helfen, mit ihren eingefahrenen Lebensmustern auf neue Weise umzugehen.

Jesus lässt sich auf den einzelnen Menschen ein. Er hat ein Gespür, was gerade dieser Mensch jetzt braucht. Er folgt keiner Systematik, sondern behandelt jeden so, wie es für ihn angemessen ist. Offensichtlich hat Jesus ein inneres Gespür für das, was dem Menschen guttut. Er folgt seiner Intuition. Er handelt aus seinem Einssein mit Gott heraus und in Berührung mit dem Grund seiner Seele. So macht er uns Mut, der eigenen Intuition mehr zu trauen als der Systematik einer therapeutischen Schule.

Jesus begegnet den Menschen. Die Heilung geschieht immer in der Begegnung. Nicht die Methode heilt in erster Linie, sondern die Begegnung, die gute Beziehung zwischen Begleiter und Klienten. Einem anderen begegnen heißt immer auch sich selbst begegnen. Jesus erspart den Menschen diese Selbstbegegnung nicht. Er weigert sich, einfach nur die Krankheit wegzunehmen, ohne dass der Kranke sich mit seiner Krankheit auseinandersetzt und sie danach befragt, was sie ihm sagen möchte. Die Heilung geschieht nur dort, wo der Kranke bereit ist, nicht nur seine körperliche, sondern auch seine seelische Wunde Jesus hinzuhalten. In der Begegnung wird nur der heil, der bereit ist, sich selbst ehrlich zu begegnen und in der Selbstbegegnung seine Ohnmacht zu erfahren, sich selbst helfen zu können. Ich kann weder Jesus noch Gott benutzen, um gesund zu werden. Ich muss bereit sein, Gott meine Wahrheit und meine Wunden hinzuhalten. Nur dann kann Gottes Liebe in meine Wunden strömen und sein Licht meine Wahrheit erhellen.

Die Heilung bedeutet immer auch: sich neu orientieren, eine neue Sichtweise für das Leben lernen, sich auf neue Weise sich selbst und den anderen gegenüber verhalten. Die Krankheit ist oft Ausdruck, dass der bisherige Weg so nicht weitergehen kann. Heilung ist immer auch Umkehr in eine neue Lebensweise. Der Kranke bringt in die Begegnung seine Wahrheit mit. Der Therapeut oder geistliche Begleiter bringt sich selbst ein: sein Herz, sein Mitgefühl. Er engagiert sich für den Klienten. In den Heilungsgeschichten wird immer wieder erzählt, dass Jesus sich ganz und gar engagiert. Dies wird etwa deutlich an seinem Seufzen, das zeigt, dass für ihn Heilen auch eine gewisse Anstrengung bedeutet.

Begegnung ist ein Geschehen zwischen zwei Menschen. Sie lässt sich nicht planen. Offenheit und Ehrlichkeit sind Voraussetzungen für eine Begegnung, die verwandelt und heilt. Jesus bietet dem Kranken die Begegnung an. Er schafft von sich aus eine Atmosphäre des Vertrauens, damit der Kranke es wagt, sich aufzumachen und ihm zu begegnen. Aber ob der Klient sich auf die Begegnung einlässt oder nicht, das steht nicht in unserer Hand. Dieses Wissen nimmt uns Begleitern den Druck, dass wir jeden Kranken heilen müssten. Die Heilung geschieht in der Begegnung, sie ist nicht Ergebnis unseres Handelns. Sie ist letztlich immer ein Geschenk, letztlich ein Wunder.

Jesus kann väterlich und mütterlich auf den Kranken eingehen. Er behandelt Kranke zärtlich und sanft wie eine Mutter und schafft einen mütterlichen Raum des Vertrauens, einen Raum der bedingungslosen Zuwendung, in dem nicht bewertet wird. Jesus kann aber auch streng wie ein Vater die Kranken herausfordern. Er stärkt ihnen den Rücken, aber er konfrontiert sie auch mit ihrer eigenen Kraft und ihrem eigenen Willen. Er aktiviert die Kraft, die in ihnen steckt, und weigert sich, alle Arbeit für den Kranken selbst zu tun. Der Kranke muss bei seiner Heilung mitwirken. Dieses mütterliche und väterliche Verhalten braucht nicht nur der Begleiter, sondern wir alle. Indem wir mütterlich mit uns umgehen, das verletzte Kind in uns mütterlich umarmen und aufhören, uns selbst zu bewerten, kann Heilung geschehen. Und wir brauchen die väterliche Ermutigung, die wir uns selbst sagen müssen: »Steh auf, nimm dein Bett und geh!«

Jesus berührt oft die Kranken, die er heilt. Er heilt durch Berührung, durch das Auflegen seiner Hände. Handauflegung wird auch heute wieder in ihrer heilenden Bedeutung entdeckt. Indem ich dem anderen die Hand auflege, strömt Gottes heilender Geist in den anderen ein, in seine Verspannungen, in seine Lähmungen, in sein inneres Chaos. Heute benutzen viele Körpertherapeuten die Berührung. Indem der Therapeut den Klienten berührt, entdeckt dieser seine eigenen Verspannungen und kann sie zugleich unter der wärmenden Hand der Therapeutin loslassen.

Heute sind wir – ich erinnere nur an die Missbrauchsdebatte – vorsichtig, Klienten zu berühren. Es könnte uns als Übergriffigkeit ausgelegt werden. Wir können das Berühren auch symbolisch deuten. Man könnte sagen: Jesus kommt mit dem Klienten, mit seinem Leib und seiner Seele, in Berührung, damit der Klient mit sich selbst in Berührung kommt. Ich kann auch im Gespräch in Berührung mit dem anderen kommen. Ich berühre sein Herz. Das führt dazu, dass der Kranke sich selbst spürt, dass er die eigene Kraft in sich entdeckt.

In jedem von uns sind Selbstheilungskräfte. Jesus bringt durch sein Wort und seine Berührung den Menschen in Kontakt mit seiner inneren Quelle, mit seinen inneren Ressourcen. In jedem Menschen stecken Ressourcen, aus denen er schöpfen kann. Durch die Begegnung mit Jesus und durch seine Berührung entdecken die Menschen jene Ressourcen, die in ihnen bereitliegen. Jesus vertraut auf die Selbstheilungskräfte im Menschen. Er muss nicht alles selbst machen.

Die Therapiemethoden Jesu sind für mich Herausforderung für meine geistliche Begleitung. Auch mir geht es darum, vor allem dem Menschen vorurteilslos und ohne zu werten zu begegnen, gemeinsam mit ihm seine Wahrheit anzuschauen und ihn in Berührung mit den Ressourcen zu bringen, die in ihm selbst liegen. Es geht mir nicht darum, dem anderen etwas beizubringen, ihm Ratschläge zu erteilen, sondern ihn in Kontakt mit den eigenen Kräften zu bringen. Das kann in einer behutsamen und sanften Weise geschehen. Manchmal braucht es aber auch die Konfrontation und die Provokation, damit der andere aufwacht und von seinen eingefahrenen Lebensmustern frei wird. Therapeutische und geistliche Begleitung sind ein Weg. Sie heilen nicht sofort, sondern leiten einen Prozess der Heilung ein. Es ist wichtig, dass ich als Begleiter diesem Prozess des Heilwerdens traue und dass ich einen Raum des Vertrauens schaffe, in dem der Klient sich selbst zu trauen lernt.

Letztlich ist es immer auch der Glaube, der heilt, der Glaube des Begleiters und der Glaube des Klienten. Aber ich als Begleiter bin auch ein Stück weit verantwortlich dafür, dass der Klient an sich selbst und an seine Heilung glaubt. Der Klient spürt sehr schnell, ob ich an seine Heilung glaube oder aber ob ich ihn als einen hoffnungslosen Fall ansehe. Mein Glaube kann dem Klienten helfen, an sich selbst zu glauben. Aber ich kann durch meinen Glauben seinen Glauben nicht ersetzen. Er muss auch bereit sein, an sich zu glauben und Gott zuzutrauen, dass er an ihm das Wunder der Heilung wirkt.

Ohne diese Bereitschaft, an meine Heilung zu glauben, kann keine Heilung geschehen. Das hat Jesus selbst erfahren. Als er in seiner Heimat Nazaret Ablehnung erfuhr, konnte er dort keine Wunder tun. »Und er wunderte sich über ihren Unglauben.« (Markus 6,6)

Nicht nur die Begleiter und Begleiterinnen, sondern alle, die die Heilungsgeschichten meditieren, können ihre heilende Wirkung erfahren. Die erste Bedingung ist, dass ich mich persönlich einlasse auf diese Geschichten, dass ich mich selbst frage, wo ich gelähmt, blind, besessen, zerrissen und taubstumm bin und wo ich in familiäre Verwicklungen verstrickt bin. Und die zweite Bedingung ist, dass ich meine Wahrheit Jesus hinhalte, damit ich ähnlich wie die Kranken damals mit meinen Wunden Jesus begegne. Als Drittes muss ich Jesus zutrauen, dass sein Geist mich heute zu heilen vermag, dass ich in der Begegnung mit ihm eine neue Sichtweise meines Leben lerne und mich von seinem Geist erfüllt aufrichte zu jenem Bild, das Gott sich von mir gemacht hat. Und ich soll in der Begegnung mit Jesus mit mir selbst in Berührung kommen, mit den inneren Quellen, die mir Gott geschenkt hat: Dies sind Quellen von Selbstheilungskräften, Quellen von Fähigkeiten und Begabungen, Quellen von Kraft und Hoffnung.

Schlussgedanken

Für uns Christen ist Jesus der Sohn Gottes, in dem Gott sich selbst uns mitgeteilt hat. Karl Rahner nennt Jesus die absolute Selbstmitteilung Gottes. Und Jesus ist für uns der Erlöser, der uns von Sünde und Schuld erlöst hat, der unsere sterbliche und hinfällige Menschennatur mit seinem göttlichen Leben erfüllt und so geheilt hat. Aber Jesus ist auch der Mensch, der vor zweitausend Jahren gelebt hat. Wie uns die Evangelien berichten, hat er Kranke geheilt, hat er mit den Menschen gesprochen, Wege der Weisheit aufgezeigt und immer wieder Gleichnisse erzählt.

Alle Worte und alle Szenen, in denen Jesus den Menschen begegnet, zu ihnen spricht und an ihnen handelt, müssten wir meditieren, um Jesus als Arzt und Therapeuten, als begnadeten Seelsorger und geistlichen Begleiter zu erkennen. Ich habe mich nur auf die Heilungsgeschichten, Gleichnisse und einige Worte Jesu beschränkt. Wir sind darin der therapeutischen Weisheit Jesu und seinen verschiedenen Weisen, zu heilen, begegnet. Diese Geschichten und Worte Jesu zu meditieren wird uns immer wieder neue Aspekte seines heilenden Wirkens und seiner therapeutischen Methoden erschließen. Doch die Evangelisten verkünden uns Jesus nicht nur, damit wir seine Worte und sein Handeln bewundern und in der Begegnung mit ihm heute Heilung erfahren. Sie verkünden uns Jesus auch, um uns aufzufordern, wie er zu handeln. Jesus hat seine Jünger ausgesandt, dass sie wie er verkünden, dass das Reich Gottes nahe gekommen ist.

Und als seine Jünger sollen wir wie Jesus heilen. Jesus sendet seine Jünger aus mit den Worten: »Geht und verkündet: Das Himmelreich ist nahe. Heilt Kranke, weckt Tote auf, macht Aussätzige rein, treibt Dämonen aus!« (Matthäus 10,7–8)

Bei Matthäus kommt zuerst die Verkündigung, dann das therapeutische Wirken der Jünger. Es ist Ausdruck ihrer Predigt. Ohne dieses heilende Wirken wäre ihre Predigt unvollständig. Und sie wäre nicht im Sinne Jesu. Bei Lukas kommt zuerst das Heilen und dann die erklärende Verkündigung: »Heilt die Kranken, die dort sind, und sagt den Leuten: Das Reich Gottes ist euch nahe.« (Lukas 10,9)

Die Jünger sollen die Kranken heilen. Was sie verkünden, erklärt das, was sie in der Heilung der Kranken vollziehen. In der Heilung der Kranken kommt uns das Reich Gottes nahe. Dann beginnt Gott in uns zu herrschen. Und wenn Gott in uns herrscht, werden wir heil und ganz und gesund. Auf uns bezogen könnten wir sagen: Indem wir heute Menschen heilen – als Arzt, als Therapeut, als Seelsorger und Seelsorgerin –, kommt das Reich Gottes den Menschen nahe, vollzieht sich für die Menschen das, was Jesus in seiner gesamten Predigt immer wieder verkündet hat.

Wie die Heilung konkret aussehen könnte in der therapeutischen und geistlichen Begleitung, habe ich versucht, in diesem Buch darzulegen. Wir sind den verschiedenen Therapiemethoden Jesu begegnet: der Art, wie er kranken Menschen begegnet ist und sie behandelt hat, der Art, wie er zu den Menschen geredet hat.

Mir ist es ein Anliegen, dass wir nicht nur die therapeutische Weisheit Jesu bewundern, sondern dass wir – von seinem Geist erfüllt, den er uns an Pfingsten gesandt hat und immer wieder sendet – die Menschen heute so begleiten, wie Jesus uns das vorgemacht hat. Dann würde das geschehen, was Jesus seinen Jüngern zugetraut hat. Kranke würden gesund werden, Tote aufstehen, Aussätzige rein werden und die Dämonen würden ausgetrieben.

Das klingt zu anspruchsvoll. Aber ich denke, jeder Therapeut und jede Seelsorgerin hat schon einmal erfahren, dass Menschen, die innerlich erstarrt waren, aufgebrochen wurden und aufgestanden sind zu neuem Leben. Und wir haben erfahren, dass Aussätzige rein wurden: Menschen, die sich selbst nicht ausstehen konnten, kamen auf einmal in Einklang mit sich selbst. Sie fühlten sich rein, in Ordnung. Sie erlaubten sich, so zu sein, wie sie sind. Und Dämonen wurden ausgetrieben: Neurotische Lebensmuster, die die Menschen beherrschten, wichen auf einmal, und die Menschen konnten sich selbst richtig sehen. Sie wurden frei von inneren Zwängen – auch von den Zwängen, die sie sich manchmal in einer krankhaften Spiritualität auferlegt haben, von inneren Antreibern, mit denen sie sich selbst bisher geknechtet hatten.

Jeder, der andere therapeutisch und geistlich begleitet und der dies im Sinne Jesu tun will, kann von den Therapiemethoden Jesu lernen. Vielleicht mag einer einwerfen: »Ich bin nicht Jesus. Ich kann ihn nicht kopieren.« Wenn wir Jesus kopieren wollten, würden wir uns selbst unter Druck setzen. Das wäre unserer Arbeit abträglich. Doch wir sollen darauf vertrauen, dass Jesus uns seinen Geist gegeben hat. Im Johannesevangelium heißt es sogar, dass Jesus den Jüngern seinen Geist eingehaucht hat. (Vgl. Johannes 20,22)

Doch dieser Geist, den wir empfangen haben, muss sich immer wieder am Geist Jesu messen. Und diesem Geist Jesu begegnen wir in seinen Worten, in seiner Art, wie er Menschen begegnet und sie fasziniert, und in seiner Weise, wie er sich auf Kranke einlässt und sie in verschiedenen therapeutischen Schritten heilt. Was uns die Evangelien von den Heilungsgeschichten erzählen, das könnte auch bei uns geschehen, allerdings nur selten als Spontanheilung – auch die gibt es heute manchmal –, sondern eher in einem längeren Prozess. In diesem Prozess der Begleitung können wir die Schritte nachgehen, die Jesus uns vorgemacht hat.

Wir müssen Jesus nicht kopieren und den Menschen keine solch schönen Gleichnisse oder Geschichten erzählen wie er. Doch wir haben die Gleichnisse und Worte Jesu. In ihnen liegt eine heilende Kraft. Jesus selbst hat diese Gleichnisse mit seiner heilenden Kraft erfüllt. Mit diesen Gleichnissen können wir arbeiten. Es liegt nur an uns, die Gleichnisse Jesu und seine Worte richtig zu verstehen und zu deuten. Dann können wir sie den Klienten anbieten, dass sie sich mit ihren konkreten Problemen auf sie einzulassen.

Wenn Menschen die Worte Jesu in ihre Angst, in ihren Perfektionismus, in ihre Empfindlichkeit, in ihre Selbstvorwürfe hineinhalten und eine ganze Woche mit so einem Gleichnis umgehen, dann wird auch in ihnen die Verwandlung geschehen, die Jesus beim Erzählen in seinen Zuhörern und Zuhörerinnen bewirkte. Das Gleichnis wird ihnen von innen heraus eine andere Sichtweise vermitteln. Wenn sie ihr Leben in einem anderen Licht sehen, werden sie anders mit sich umgehen und sich anders erleben.

Es ist gut, wenn wir selbst die Worte Jesu wie ein Koan nehmen, das uns auf eine andere Ebene führt. Dann können wir die Worte Jesu auch in der Begleitung so einsetzen, dass sie auf die Situation des Klienten antworten. Dabei geht es nicht darum, dass der Klient nur über das Wort nachdenkt. Er soll es vielmehr wie ein Koan nehmen, es kauen – die Mönche sprechen vom »Wiederkauen« –, bis er vom Wort Jesu auf eine andere Ebene geführt wird, auf die Ebene der spirituellen Erfahrung, auf eine Ebene, auf der er nicht von Krankheit und neurotischen Mustern bestimmt ist, sondern auf der er seinem innersten Kern begegnet, dem Raum der Stille, in dem das Reich Gottes in ihm ist.

Dort, wo das Reich Gottes in uns ist, sind wir frei von alten Mustern, frei von den Erwartungen und Urteilen der Menschen. Dort sind wir heil und ganz. Die Krankheit und die Kränkung können unseren innersten Kern nicht berühren. Dort sind wir ursprünglich und authentisch. Wir kommen in Berührung mit dem ursprünglichen und unverfälschten Bild, das Gott sich von uns gemacht hat. Wenn wir mit diesem einmaligen Bild Gottes in Berührung sind, dann beginnt unser Leben zu fließen, aufzublühen und Frucht zu bringen. Dieses ursprüngliche Bild ist wie eine Quelle, die in uns sprudelt und uns neue Kraft verleiht. Dort, wo das Reich Gottes in uns ist, sind wir rein und klar. Da hat auch die Schuld keinen Zutritt.

Jesus spricht die Menschen nicht ständig auf ihre Schuld hin an, sondern weckt in ihnen den Kern, der von der Schuld nicht infiziert worden ist. Er traut ihnen zu, dass sie mit ihrem inneren Bereich in Berührung kommen, in dem Gott in ihnen herrscht – und nicht die Sünde. Und dort, wo Gott als das Geheimnis im Menschen wohnt, können die Menschen bei sich selbst daheim sein. Dort erfahren sie Heimat. Dort spüren sie ihre innere Mitte. Und von dieser Mitte, von dieser inneren Heimat aus können sie auf neue Weise leben, können sie – wie die Kranken, die Jesus geheilt hat – aufstehen zu neuem Leben.

Ich habe dieses Buch aber nicht nur für geistliche und therapeutische Begleiter und Begleiterinnen geschrieben, die heute im Geiste Jesu heilend handeln. Ich bin überzeugt, dass die Bibel selbst ein Heilungsbuch ist. Wenn wir die Worte Jesu meditieren, bewirken sie in uns eine neue Sichtweise. Wenn wir uns auf die Gleichnisse Jesu einlassen, dann wandeln sich unser Selbstbild und unser Gottesbild. Dann geschieht in uns ein Prozess der inneren Heilung.

Indem wir uns und unser Leben vor Gott mit anderen Augen anschauen, gehen wir besser um mit den Lebensthemen, die uns oft genug belasten, wie Schuld, Leid, Erfolglosigkeit. Unsere Emotionen wie Angst und Neid und Eifersucht wandeln sich. Indem wir die Heilungsgeschichten meditieren, kommt in uns etwas in Bewegung.

Wir haben nicht nur die Bibel, die wir lesen können. Wir feiern das, was uns die Bibel erzählt, auch in der Eucharistie. Dort geschieht an uns heute, was damals zwischen Jesus und den Kranken geschehen ist. Es kommt nur darauf an, dass wir auf dem Hintergrund der Heilungsgeschichten in der Kommunion heute als die Gelähmten, Blinden und Tauben, als die Ausgebrannten und Frustrierten zu Jesus kommen, um in der Kommunion leibhaft sein Wort in der Gestalt von Brot und Wein in uns aufzunehmen, es gleichsam in uns zu integrieren.

Dann erfahren wir, indem wir die Hostie in die Hand nehmen und in uns aufnehmen, leibhaft das Wort Jesu: »Steh auf, nimm dein Bett und geh!« (Markus 2,11) – oder auch: »Meine Tochter, dein Glaube hat dir geholfen. Geh in Frieden! Du sollst von deinem Leiden geheilt sein.« (Markus 5,34)

Literatur

Otto Betz, Das Geheimnis der Zahlen, Stuttgart 1989.

Eugen Drewermann, Tiefenpsychologie und Exegese, Band II, Olten 1985.

Albert Görres, Das Böse, Freiburg im Breisgau 1984.

Anselm Grün, Tiefenpsychologische Schriftauslegung, Münsterschwarzacher Kleinschriften, Band 68, Münsterschwarzach 7. Aufl. 2005.

Anselm Grün, Ramona Robben, Finde deine Lebensspur. Die Wunden der Kindheit heilen. Spirituelle Impulse, Freiburg im Breisgau 2000.

Carl Gustav Jung, Gesammelte Werke, Band 8, Olten 1964.

Carl Gustav Jung, Erinnerungen, Träume, Gedanken, Olten 1971.

Bonifaz Miller (Hrsg.), Apophthegmata Patrum. Weisung der Väter, Trier 4. Aufl. 1998.

John A. Sanford, Alles Leben ist innerlich. Meditationen über Worte Jesu, Olten 1974.

Verzeichnis der Bibelstellen

Der Asterisk * weist auf Kapitelüberschriften hin

Lukas

Johannes